Felicia Ewert

TRANS. FRAU. SEIN.

Aspekte geschlechtlicher Marginalisierung

3. Auflage

Felicia Ewert

TRANS. FRAU. SEIN.

Aspekte geschlechtlicher Marginalisierung

3. überarbeitete Auflage 2021

ISBN 978-3-96042-071-2

© edition assemblage
Postfach 27 46 | D- 48041 Münster

info@edition-assemblage.de | www. edition-assemblage.de

Mitglied der Kooperation book:fair
Die edition assemblage unterstützt die Förderung einer freien, unabhängigen Verlagslandschaft in der Kurt-Wolff-Stiftung KWS

Eigentumsvorbehalt:

Dieses Buch bleibt Eigentum des Verlages, bis es der gefangenen Person direkt ausgehändigt wurde. Zur-Habe-Nahme ist keine Aushändigung im Sinne dieses Vorbehalts.
Bei Nichtaushändigung ist es unter Mitteilung des Grundes zurückzusenden.

Umschlag: Alma Lauer
Satz: Alma Lauer, Hannah C. Rosenblatt
Lektorat: edition assemblage
Druck: Interpress | Printed in Hungary 2020

FELICIA EWERT

TRANS.
FRAU.
SEIN.

Aspekte geschlechtlicher
Marginalisierung

Inhalt

Vorwort	9
Begriffliche Definitionen	14
Grundlegende Definitionen	14
Warum ich „Feindlichkeit" und nicht „Phobie" schreibe?	16
Was bitte sind Cissexismus, Transfeindlichkeit und Transmisogynie?	17
„Gatekeeping / Gatekeeper*innen"	19
Der Privilegienbegriff	19
AFAB	20
AMAB	20
Non Binary / enby	20
Cistem	20
Cisfeminismus	20
Dyadismus / dyadisch	21
Wozu überhaupt cis / cisgeschlechtlich / Cisgender?	21
Was ist Geschlecht?	24
Geschlechtliche Sozialisation	26
Was ist geschlechtlicher Biologismus?	27
Drei Perspektiven auf das trans Sein	29
Medizinisch-psychologisch-rechtliche Perspektive	29
Universitäre Gender Studies als Perspektive	32
Trans aktivistische Perspektive	32

Harry Potter und die „Geschlechtsumwandlung"	34
Dysphorie und Euphorie – Leid und Freude im trans Ich	38
Kategorien der geschlechtlichen Dysphorie	40
Geschlechtliche Euphorie? Ist das überhaupt erlaubt?	43
Die „Sex / Gender" Problematik	45
Nicht auf deren Terrain ziehen lassen	51
„Trans Personen können nicht transfeindlich sein." – Mediale Darstellung von trans Personen	53
„Beischlafpflicht mit trans Personen"	57
Sexuelles und romantisches Begehren	60
„Persönliche Erlebnisse online / offline"	62
Öffentliche Toilette	62
Zwangsouting im Seminar	64
An der Bushaltestelle	65
Wie alles begann – Eine Twittergeschichte. Mit transfeindlichem Feminismus.	66
„Du eignest dir Frau Sein an!"	71
Das Problem mit dem *	73
Zum geschlechtlichen Selbstverständnis im Patriarchat	76
„Alle Frauen sind gemeint."	79
„Für dich!"	81

Was bitte ist TERF?	85
Konzentration auf Einzelpersonen ist gefährlich	87
Die drei Kategorien des Ausschlusses	89
Vorsätzlicher Ausschluss	89
„Wohlwollender" Ausschluss	99
Unbeabsichtigter Ausschluss / Ausschluss durch Reproduktion	106
Das Problem mit der „Geschlechtsidentität"	113
„Biologismus gegen die Pathologisierung"	114
„Circle of Shit"	117
„Das Gesetz über die Änderung der Vornamen und die Feststellung der Geschlechtszugehörigkeit in besonderen Fällen, Transsexuellengesetz" (TSG)	123
Voraussetzungen	124
Gerichtliches Verfahren	128
Unwirksamkeit	130
Feststellung der Geschlechtszugehörigkeit	132
Eltern-Kind-Verhältnis	136
TSG Nachwirkungen und der 3. Geschlechtseintrag	140
Die Postironie des Ganzen?	146
Hier, ein Spiegel. Schau mal rein!	147
Kein Abschluss	149
Literatur	152

Die Autorin:

Felicia Ewert ist 33 Jahre alt und lebt in Marburg. Sie ist mit einer wundervollen Frau verheiratet und studiert Politikwissenschaft im Master, Schwerpunkt Geschlechterforschung. Sie ist eine Frau, transgeschlechtlich und ziemlich lesbisch. Während ihres Bachelorstudiums entwickelte sie das Interesse an einer grundlegende Auseinandersetzung mit Fragen zu der Konstruktion von Geschlecht und wie es als Ordnungskategorie und hierarchisches Machtinstrument in Erscheinung tritt. Neben ihrem Studium hält Felicia Vorträge zu Cissexismus, Transfeindlichkeit und Transmisogynie.

Twitter: @redhidinghood_

Instagram: @feliciaewert

Vorwort

An meine trans Geschwister,

ich möchte euch hiermit wissen lassen, dass jede*r Einzelne von euch ganz und gar echt ist. Völlig unerheblich, ob ihr euch (noch) nicht sicher fühlt, wer ihr wirklich seid oder sein wollt. Ihr habt einen Weg beschritten, euch mit eurer eigenen geschlechtlichen Zuweisung auseinanderzusetzen, und seid deshalb zur Gewissheit gekommen, dass diese auf euch nicht oder vielleicht nicht vollständig zutrifft. Vielleicht wisst ihr dies gerade erst seit kurzem, vielleicht bereits seit Jahrzehnten. Es ist völlig unerheblich für eure Echtheit. Leider werdet ihr unweigerlich auf viele Hindernisse treffen und ich hoffe für euch, dass ihr ein ebenso unterstützendes Umfeld haben werdet wie ich. Für alles weitere hoffe ich, euch mit diesem Buch eine kleine Unterstützung mitgeben zu können. Sei es bei gerichtlichen Verfahren, sei es im Alltag oder im Umgang mit euch selbst.

Als ich anfing mir Gedanken über den Aufbau dieses Buchs zu machen, war ich zunächst sehr ratlos, wohin es eigentlich gehen soll. Eine reine Autobiographie? Das wäre dann ein insgesamt doch sehr kurzer Ausflug geworden. Ein reines Unterhaltungsbuch? Schon besser, doch die Thematik und die bestehenden Verhältnisse sind zu ernst, als dass ich ein vollkommen humoristisches Werk fabrizieren würde. Ein reines Fachbuch, das sich so differenziert mit der Thematik auseinandersetzt, wie es allgemein als „wissenschaftlich" verstanden wird? Das wäre grundsätzlich toll, gerade deshalb, weil trans Personen abgesprochen wird, überhaupt Wissenschaft betreiben zu können. Klare Sache, woher sollten sie auch die notwendigen Kompetenzen, die Vernunft, die Sachlichkeit, die Differenzierung und die Distanz zur Thematik haben? Diese Fragen werden cis Biolog*innen, cis Mediziner*innen, cis Psycholog*innen wohl seltener gestellt, wenn sie über Geschlechter und deren angebliche biologische Eindeutigkeit referieren. Doch da ich auch kein rein verhochschultes Buch schreiben wollte, entschied ich mich, eine Kombination aus allen drei Kategorien zu wagen – und ihr sollt daran teilhaben.

Zu meiner Person: Ich bin 33 Jahre alt und bin eine Frau, die trans ist. Wenn ihr bei Twitter seid, könnt ihr liebend gerne @redhidinghood_ folgen. Ich bin *weiß* und nicht intergeschlechtlich. Ich bin mit einer wundervollen Frau verheiratet. Ich habe eine abgeschlossene Ausbildung zur Kauffrau im Gesundheitswesen und einen Bachelor of Arts in Politikwissenschaft. Während meines Studiums wurde mein Interesse angeregt, mich mit Geschlechterfragen, Machtverhältnissen und letztendlich mit der grundsätzlichen Konstruktion von Geschlecht zu befassen. Hierin erkannte ich die massiven Diskriminierungen, die gesellschaftlich, medizinisch-psychologisch, rechtlich und staatlich gegen trans Menschen wirken. Auch wenn in der Politikwissenschaft in Marburg die Gender Studies glücklicherweise ein fester thematischer Schwerpunkt sind, bemerkte ich rasch den Mangel an trans und queerer Repräsentation. Der Fokus liegt allzu oft auf *weißen*, deutschen, cis Frauen in Beziehungen mit Männern. Dies bewegte mich dazu, meine Abschlussarbeit zur Diskriminierung und Marginalisierung von trans Personen zu schreiben. Es sollte ein Anstoß sein, die doch recht passivierte und ironischerweise auch dort marginalisierte bis nicht existente Rolle von trans Menschen aufzuzeigen und zu kritisieren.

Transgeschlechtlichen Menschen wird leider auch hier vorwiegend eine passive Rolle als Forschungsobjekt eingeräumt und damit eine Selbstbestimmung verunmöglicht. Die Arbeit sollte somit auch zeigen, dass trans Personen nicht ausschließlich für Umfragen oder Zeitungsartikel interviewt werden, sondern eine aktive und forschende Rolle einnehmen können und sollen. Leider zeigt sich, dass trans Personen hierbei nur allzu oft auf die Gunst und das Wohlwollen von cis Personen angewiesen sind, um Raum und Plattformen zu erhalten, und dies noch einmal deutlich verschärfter, wenn es um queerfeministische Ansätze geht. Diese formulieren umfassende Ansprüche, die die bestehenden geschlechtlichen Überzeugungen vieler Menschen und Institutionen aufzeigen und kritisieren. Dies kollidiert oftmals mit der Erwartungshaltung, die an trans Personen gerichtet wird, möglichst zurückhaltend, ruhig und vor allem dankbar zu sein. Doch ebenso in feministischen Kontexten entfaltet der Wunsch von trans Personen, in ihrer Existenz anerkannt zu werden und Kritik an biologistischen Praktiken zu üben, oftmals großes Konfliktpotenzial. Personen, die gerade noch zu Recht energisch patriarchale, sexistische Zustände bekämpften, lassen davon mitunter ab, da sie queere trans Personen als neue „Gegner*innen" ausmachen. Ebenso trans Personen, die sich nicht damit begnügen, eingleisig Sexismus zu bekämpfen, sondern ebenso weitere Diskriminierungsmechanismen erkennen und benennen, die eben auch in Feminismen reproduziert werden. Sie gelten zumeist als ein Störfaktor und werden als eine „umfassende Macht" eingestuft. Eine „umfassende Macht", die Feminismen zerstören will", „die Bewegung spaltet", die transfeindliche, biologistische Zustände in Feminismen erkennt und kritisiert. Diese Zustände motivierten mich, mein Masterstudium in der Politikwissenschaft mit dem Schwerpunkt Gender Studies anzustreben und letztendlich auch dieses Buch zu schreiben.

Dieses Buch soll, unter Berücksichtigung bestehender gesellschaftlicher Verhältnisse, ausdrücklich auf cissexistische, transfeindliche und transmisogyne Einstellungen eingehen, die eben auch in Feminismen bestehen. Es soll existierende Missstände darstellen, zeigen, welche Formen des Ausschlusses von trans Personen bestehen und diese kritisieren. Es soll bei Leuten, vorrangig cis Personen, einen Reflexionsprozess anstoßen, der eigene biologistische Einstellungen zu Geschlecht klar werden und überdenken lässt. Ich möchte hiermit verdeutlichen, dass diese Diskriminierungsformen nicht erst mit wutschnaubenden Beleidigungen und körperlichen Attacken auf trans Personen beginnen, sondern in der Regel deutlich gesetzter, akzeptierter und ruhiger verlaufen. Cissexismus, Transfeindlichkeit und Transmisogynie sind viel häufiger der Versuch, sachlich zu begründen, weshalb es in Ordnung sei, trans Personen das Geschlecht abzusprechen. Ich werde darstellen, weshalb die in Feminismen oftmals verwendete Einteilung von Geschlecht in „Sex" und „Gender" hochgradig problematisch ist. Ich werde euch handfeste Beispiele aus persönlichen Erfahrungen mit alltäglichem Cissexismus zeigen und deren diskriminierende Elemente Stück für Stück zerlegen. Da es allerdings nicht *die* Diskriminierung von trans Menschen in Feminismen gibt, werde ich diese Einstellungen und Ausschlüsse in drei Kategorien einteilen, um euch einen Überblick zu verschaffen. Ich möchte auf explizit transfeindliche Feminismen eingehen, die auf bewusstes Absprechen unserer Geschlechter setzen, geschlechtlichen Biologismus mit vielen Formen des Widerspruchs verteidigen und uns schlicht nicht existente gesellschaftliche Machtpositionen unterstellen. Des Weiteren möchte ich aufzeigen, wie Mainstreamfeminismen[1] bzw. Cisfeminismen ebenso Geschlecht weiterhin in „biologisch" und „sozial" einteilen und hierdurch Ausschlüsse produzieren, was ich als „wohlwollenden" Cissexismus bezeichne. Ebenso möchte ich auf Cissexismus „in bester Gesellschaft" eingehen, der zwar nicht vorsätzlich und bewusst betrieben wird, sich jedoch stetig wiederholt und ebenso für langwierige Aufklärungsarbeit durch trans Personen sorgt. Nicht selten führt eben jenes Verhalten zu Rückzügen von trans Personen, um Konflikte und ständiges Von-neuem-erklären-müssen zu vermeiden. Trans Personen kommen an den Punkt der Einzelfallerklärung, wenn sie quasi gezwungen sind, jede einzelne Situation und Begebenheit erneut aufzuschlüsseln und die diskriminierenden Elemente freilegen zu müssen.

Dennoch möchte ich ebenso persönliche Erlebnisse in dieses Buch einfließen lassen, die ich mit dem wissenschaftlichen Forschungsstand aber auch mit der bestehenden Rechtslage verknüpfen werde. Da es mir sehr wichtig ist, die rechtliche Situation für trans Personen in Deutschland darzustellen, werde ich ausführlich auf das so bezeichnete „Transsexuellengesetz" eingehen. Dessen tatsächlicher Titel „Gesetz über die Änderung der Vornamen und die Feststellung der Geschlechtszugehörigkeit in besonderen Fällen" lautet. Da dieses Gesetz weiterhin besteht, die rechtliche Anerkennung des Geschlechts und der Vornamen von trans Personen regelt, und aufgrund des Umstands, dass für trans Personen eine „eigene" Rechtslage existiert, halte ich es für unbedingt erforderlich, dieses Gesetz einer möglichst breiten Öffentlichkeit zugänglicher zu machen. Daher nimmt die Auseinander-

---

[1] Als Mainstreamfeminismen bezeichne ich jene, die sich vorrangig auf Zweigeschlechtlichkeit berufen und oftmals vorrangig *weiße*, deutsche, cisgeschlechtliche Perspektiven vertreten.

setzung mit diesem Gesetz in meinem Buch einen großen Raum ein. Darüber hinaus verfolge ich mit diesem Buch einen intersektionalen Ansatz. Dieser soll die verschiedensten Identitäten von Menschen und deren Diskriminierungserfahrungen aufzeigen. Intersektionalität dient nicht als eine Aufzählung von Diskriminierungen. Intersektionalität soll nicht darstellen, „zu wie viel Prozent" eine Person diskriminiert wird. Intersektionalität soll verdeutlichen, dass Menschen gleichzeitig verschiedensten Machtstrukturen unterworfen werden, und wie sich diese auf sie auswirken. Daraus können dann Kritiken formuliert werden.

Begriffliche Definitionen

Grundlegende Definitionen

Ich möchte an dieser Stelle keine umfassende begriffliche Abhandlung schreiben, da ein starres Glossar niemals Zeiten überdauern und alle Diskurse einschließen kann. Eine gewisse Grundlegung von Begriffen halte ich allerdings für zwingend erforderlich, weil ich nicht voraussetzen kann und will, dass alle Personen, die dieses Buch lesen werden, dieselbe Basis und denselben Kenntnisstand haben. Im Zuge von ständiger Diskussion und dem Überdenken von bestimmten Termini wird weiterhin diskriminierendes Potenzial erkannt, wandeln sich diese, werden angepasst und neue Begriffe werden etabliert. Ein statisches, hunderte Wörter umfassendes Glossar erscheint also als unangemessen. Jedoch sehe ich es als unausweichlich, einen begrifflichen Leitfaden mitzugeben, um Leuten einen Überblick und möglichst einfachen Einstieg zu geben. Für trans Personen selbst ist der Weg durch viele Ausdrücke oftmals ein sehr schwerer. Für uns selbst, die von vielerlei Anfeindungen und bewusster Ignoranz betroffen sind, ist es meist schon ein schwieriger, langwieriger Prozess, sich in den bestehenden Bezeichnungen wiederzufinden. Für mich war es damals eine Art von Abklopfen, ob gelesene Erfahrungsberichte und Gefühle auf mich zutreffen. Neben der Frage, ob diese zutreffend sein können, beherrschten mich auch oft Selbstzweifel, ob ich überhaupt eine Berechtigung besitze, diese für mich zu benennen. So ganz ohne Echtheitszertifikat meinerseits. Ich möchte damit den großen Stellenwert von Begrifflichkeiten, der Kritik und der ständigen Weiterentwicklung von diesen zeigen. Ich möchte auch klarmachen, dass wir trans Personen als Betroffene von verschiedensten Diskriminierungserfahrungen selbst ebenso die Arbeit leisten müssen, Begriffe kennenzulernen, für uns als passend zu finden, uns anzueignen und nach außen vertreten zu können. Dadurch, dass wir uns über uns selbst bewusst werden, über unsere Geschlechter, haben wir häufig bereits einen langen Weg der Auseinandersetzung mit vielen Begriffen hinter uns. Wir haben oft einen langen Weg der Wissensaneignung hinter uns, bevor wir uns unserer selbst bewusst sind. Dies soll Ignoranz von cis Personen nicht relativieren oder gar entschuldigen. Ich möchte hiermit vielmehr auf deren, auf eure Verantwortung drängen. Ich möchte hierdurch klarmachen, dass wir als trans/non binary Personen bereits oftmals enorme Zeit investieren mussten, um unser Wissen aufzubauen. Ich möchte euch als cis Personen hiermit verdeutlichen, dass nicht-Betroffenheit eben kein Grund sein kann, nicht einmal ein Minimum an respektvollem Umgang, Offenheit und ehrlich interessierten Fragen zu zeigen. Ich will damit zeigen, dass uns nicht auf magische Weise ein Buch oder Datenstick mit allen relevanten Begrifflichkeiten in die Hand gedrückt wird, sobald wir uns unserer selbst bewusst sind. Es kommt kein kostenloses, automatisches Update aus dem Appstore, das uns alle Worte auf Anhieb wissen, verstehen und vertreten lässt. Wir müssen uns dieses Wissen als trans/non binary Personen Stück für Stück selbst erarbeiten, um uns über uns selbst klarzuwerden, um uns selbst bewusst zu machen, dass wir tatsächlich als unser Geschlecht auftreten können. Ohne diese investierte Zeit könnten auch wir selbst nicht über dieses Wissen verfügen. Es geht mir weder darum, Ignoranz zu relativieren, noch darum, Leute mit mangelndem Zugang zu Wissen zu kritisieren. Es geht darum, eure eigenen Einstellungen als cis Personen zu realisieren, nach der wir 24/7 zur Verfügung zu stehen haben, um Wissen zu vermitteln, das wir uns neben allen Schwierigkeiten in Kleinstarbeit selbst angeeignet oder mit erschaffen haben. Deshalb verlange ich ebenso, dass Außenstehende gelegentlich die Zeit investieren und uns zuhören, statt die Herausgabe von Wissen einzufordern. Zusätzlich erwarte ich, dass cis Personen realisieren, dass trans Menschen keine homogene Gruppe von Personen sind, die irgendwo im unabhängigen Raum diffus existieren. Wir existieren neben und mit euch, wir sind überall. Ihr seid sicherlich schon häufig trans Menschen begegnet, ohne es überhaupt zu bemerken. Ich möchte, dass euch klar wird, dass wir hier und jetzt SIND und dass wir unsere Kritik an Menschen richten, die diese transfeindlichen Verhältnisse aufbauen, mittragen und somit am Laufen halten. Das trifft sehr wahrscheinlich auf euch zu.

Zu meiner Schreibweise, also zum Beispiel „trans Sein", ist zu erwähnen, dass es eine Vielzahl von Möglichkeiten gibt, dieses schriftlich und sprachlich zu formulieren. So bezeichnen sich trans Personen möglicherweise selbst als „TranssexuelleR", als „Transmann/Transfrau" oder schlichtweg als beispielsweise „ein Transgender". Das sind allesamt gültige Selbstbezeichnungen. So gelten für mich zum Beispiel: „Ich bin trans/transgeschlechtlich" oder „Ich bin eine trans Frau" als korrekte Bezeichnungen, wobei diese bei anderen Personen stark variieren können. Ich verwende das „trans" oder „transgeschlechtlich" hierbei als Adjektiv und nicht als Substantiv. Das „trans" als Adjektiv zu verwenden erfüllt bei mir gegenüber anderen Personen die Möglichkeit, es als eine Eigenschaft meines Frau Seins darzulegen. „Ich bin eine Frau, die trans ist" als Abgrenzung zu einem möglichen „Ich bin eine Frau, die cis[2] ist", wäre eine ebenso denkbare und sprachlich sensible Formulierung. Hierdurch soll keine „Spaltung" von Frauen bezweckt werden, sondern die Vielfältigkeit soll Sichtbarkeit erlangen. Des Weiteren erfüllt dies den Zweck, vorrangig mein Frau Sein präsentieren zu können. Dies soll bestehende Normen durchbrechen, die davon ausgehen, eine Person sei Mann, Frau oder eine trans Person. Bei trans oder cis handelt es sich somit um ein Adjektiv, das Auskunft über die Eigenschaft des Geschlechts geben kann. Im Verlauf des Buches werde ich ebenso auf Selbstdefinitionen des trans Seins eingehen.

Warum ich „Feindlichkeit" und nicht „Phobie" schreibe?

Leider werden Diskriminierung und Hass immer noch vorrangig als „Phobie" benannt. So zum Beispiel als „Homophobie", „Transphobie" oder auch „Islamophobie". Auch wenn dies vorwiegend nicht beabsichtigt ist, wird hierbei Diskriminierung mit einer Angst verknüpft und dadurch teilweise entschuldigt. Ich lehne diese Verknüpfung, ja auch die unbeabsichtigte, ab. Diskriminierende Einstellungen und Ta-

---

[2] Cis oder auch Cisgender bezeichnet Personen, deren geschlechtliches Empfinden bzw. deren Geschlechtsidentität mit dem Geschlecht übereinstimmt, das ihnen bei der Geburt zugewiesen wurde.

ten geschehen nicht aus „Furcht und Angst", sondern aus Hass und aufgrund von bestehenden, schädigenden Normen.

Was bitte sind Cissexismus, Transfeindlichkeit und Transmisogynie?

Transfeindlichkeit bezeichnet zunächst einmal die vielschichtigen Formen des Ausschlusses von trans Personen, der Gewalt ihnen gegenüber und auch ihre Einstufung als Fehler oder Abweichung. Vielschichtig auch deshalb, weil sich diese Feindlichkeit auf unterschiedlichste Weisen in sprachlicher und physischer Gewalt zeigen kann. Auch wenn eine Differenzierung zur Analyse unbedingt erforderlich ist, darf keineswegs in „harmlos" oder „weniger diskriminierend" unterteilt werden. Transfeindlichkeit umfasst somit alle Begebenheiten, in den trans Personen Ausschluss und Gewalt erfahren. Zur genaueren Bestimmung und Definition dient der Begriff Cissexismus. Dieser kehrt die Problematik um und zeigt, wo die Diskriminierung ihren Ursprung hat. Sie nimmt somit die Verantwortung von trans Personen weg und weist diese cis Personen zu. Daher wäre auch der Begriff der Cisnormativität oder geschlechtlicher Biologismus denkbar. Cisnormativität, ähnlich der Heteronormativität, geht davon aus, dass alle Personen cis seien. Selbst wenn dem Großteil der Bevölkerung nicht einmal die Bedeutung dieses Begriffes geläufig ist. Daraus ergibt sich ein Othering-Prozess, der trans Personen als Abweichung vom gesetzten Normalzustand definiert. Sie gelten hiernach als eine Art Ausnahme oder gar Fehler. Das Wort Cissexismus ist natürlich angelehnt an den Begriff Sexismus. Sexismus beruft sich auf die fälschliche Herleitung von bestimmten Charaktereigenschaften, Interessen, Fähigkeiten etc. aufgrund des Geschlechts. Cissexismus greift grundlegender und leitet aus Organen, Hormonen und Chromosomen bestimmte Geschlechter ab. Im Einzelfall kann diese Zuweisung auch noch detaillierter erfolgen, ich werde später darauf eingehen. Der Kern des Cissexismus ist somit die Herleitung eines bestimmten Geschlechts, indem dieses einem Körper aufgrund vermeintlicher Eindeutigkeit zugewiesen wird. Hieraus werden dann Einschlüsse und Ausschlüsse formuliert, die einer geschlechtlichen Selbstbestimmung von Menschen zuwiderlaufen.

Anders ausgedrückt wird ein Körper betrachtet und ihm aufgrund von Cissexismus ein bestimmtes Geschlecht zugewiesen. Umgekehrt wird das Vorhandensein oder nicht Vorhandensein bestimmter Organe mit einem Geschlecht verknüpft. So gilt die universelle, jedoch cissexistische Annahme, dass eine Person mit Vulvina eine Frau zu sein hat und eine Person mit Penis ein Mann sein müsse. Ich kann dir im Namen von trans Personen garantieren, dass dies nicht der Fall ist und du unabhängig vom Status von Reproduktions- und/oder Ausscheidungsorganen, oder salopp ausgedrückt „Intimbausätzen", dein selbstbestimmtes Geschlecht innehaben kannst. Dass weiterführende Faktoren wie geschlechtliche Vorstellungen, Wahrnehmung in der Öffentlichkeit und rechtliche Aspekte existieren, steht auf einem anderen Blatt.

Echt!

Wozu ist nun noch der Begriff der Transmisogynie erforderlich, wenn doch mit den vorangegangen prinzipiell alles geklärt ist? Transmisogynie soll auf die spezielle Form von Feindlichkeit gegenüber trans Weiblichkeiten, trans Frauen, Femmes, enby Personen aufmerksam machen (vgl. Serano 2007: 14; 140). Er soll die Verwobenheiten (Intersektionen) von Transfeindlichkeit und Misogynie aufzeigen. Die Geschichte der Transfeindlichkeit zeigt, dass sich Hass und Verachtung vorwiegend gegen trans weibliche Menschen entlädt. Der Kern ist somit die Ablehnung, Abwertung und der Hass auf Femininität beziehungsweise Weiblichkeit, wie auch immer sich diese äußert. Dieser Zustand und die Tatsache, als z.B. trans Frau nicht heute mal Sexismus und morgen mal Transfeindlichkeit zu erleben, macht eine besondere Benennung erforderlich. Es soll hiermit ebenso auf speziellere Ausschlüsse verwiesen werden, die trans weibliche Personen treffen, wohingegen trans männliche Personen mitunter unbeachtet bleiben. Beispielsweise werden trans Frauen oftmals gezielt aus feministischen Räumen ausgeschlossen, weil sie als Männer betrachtet und misgendert werden. Dass dies für trans männliche Personen mitunter nur ein scheinbarer Vorteil ist, erläutere ich im späteren Verlauf des Buches.

Kurz: Cissexismus teilt Menschen in zwei Geschlechter ein, die vermeintlich biologisch exakt von einander zu trennen seien. Diese Einteilung erfolgt per Zirkelschluss „Körper = Geschlecht" und umgekehrt. Hierbei schließt Cissexismus Personen von einem geschlechtlichen Label aus und zwingt gleichzeitig Menschen unter ein Label, dem sie überhaupt nicht angehören.

„Gatekeeping/Gatekeeper*innen"

Als Gatekeeper*innen werden alle Personen bezeichnet, die in entsprechenden Positionen sitzen, um über Abschnitte im Leben von trans Personen zu entscheiden. Dies können Therapeut*innen in der Begleittherapie sein, Endokrinolog*innen, die in der Regel die Hormonersatztherapie einleiten und begleiten, aber ebenso Richter*innen und Gutachter*innen, die über eine Vornamens- und/oder Personenstandsänderung entscheiden. Der Begriff „Gatekeeping" mutet gefährlich an und ist durch die oftmals langfristigen und erniedrigenden Prozeduren begründet, die trans Personen auferlegt werden.

Der Privilegienbegriff

Ich verwende den Privilegienbegriff äußerst selten, weil es unterschiedliche Auslegungen des Begriffes und somit völlig verschiedene Formen gibt, ihn zu verwenden und ihn zu begreifen.

Wenn ICH von Privilegien spreche, meine ich prinzipiell:

„Du bist von dieser Diskriminierung nicht negativ betroffen".

Wenn ich von Privilegien spreche, meine ich NICHT:

„Du erlebst keine negativen Situationen in deinem Leben und bist immer glücklich."

Es geht darum, klarzumachen, dass eine Person von einer bestimmten Diskriminierung, im Fall dieses Buches hauptsächlich Cissexismus, Transfeindlichkeit, Transmisogynie, nicht negativ betroffen ist.

AFAB

Assigned female at birth: Eine Person, der bei der Geburt das Geschlecht „weiblich" zugewiesen wurde.

AMAB

Assigned male at birth: Eine Person, der bei der Geburt das Geschlecht „männlich" zugewiesen wurde.

Beide Begriffe sollen den vermeintlich natürlichen Zustand von Geschlecht in Frage stellen. Statt von einem „biologischen" Geschlecht zu sprechen, wird somit der Begriff zugewiesenes Geschlecht verwendet.

Non Binary/enby

Der Begriff steht für nicht binäre Geschlechter. Beispielsweise agender, neutrois, genderfluid, oder auch genderqueer. Der Punkt ist, hierbei geht es um Menschen, die sich nicht oder nicht ausschließlich mit einem bestehenden binären Geschlecht (Mann oder Frau) identifizieren. Weil hierzu häufiger die Frage aufkommt: Wenn sich non binary Personen als trans verstehen, dieser Oberbegriff für sie selbst also zutreffend ist, dann sind sie es auch.

Cistem

Mit „Cistem" wird das bestehende System der Zweigeschlechtlichkeit bezeichnet. Also das System aus binärer Geschlechterzuweisung. Darüber hinaus soll dies den strukturellen cissexistischen und transfeindlichen Normalzustand bezeichnen.

Cisfeminismus

Cisfeminismus bedeutet nicht zwingend, dass es sich ausschließlich um cisgeschlechtliche Menschen handelt. Mit diesem Begriff soll eine bestimmte Prägung und Ausrichtung benannt werden. Hierbei geht es um Feminismen, die trans Personen nicht vorsätzlich ausschließen. Es geht um verinnerlichte, erlernte Vorstellungen über Geschlechter, die unreflektiert reproduziert werden. Der Begriff cisnormativer Feminismus wäre auch denkbar.

Dyadismus/dyadisch

Dyadismus oder Interfeindlichkeit bezeichnet die Diskriminierungen und Gewalt, die sich gegen intergeschlechtliche/inter Personen richten. Diese Gewalt kann sich sowohl in falschen und entwürdigenden Darstellungen als auch in Zwangsoperationen widerspiegeln. *Dyadisch* bezeichnet also den Zustand, nicht inter zu sein. Ähnlich wie bei cis und trans dient der Begriff dazu, den vermeintlichen Normalzustand korrekt zu benennen.

Wozu überhaupt cis/cisgeschlechtlich/Cisgender?

Der Begriff „cis" soll den vermeintlichen Normalzustand sichtbar machen, weil dieser bisher unmarkiert war. Hiermit soll klargemacht werden, dass cis Personen nicht „normal", sondern eben cis sind. Dies soll die gängige Sichtweise brechen und die Bedingungen ändern, unter denen transgeschlechtliche Menschen stets als Abweichung, als Fehler begriffen werden und sich immer wieder für ihre Geschlechter rechtfertigen müssen.

Trans, trans*, transgeschlechtlich, transsexuell oder auch Transgender sind Begrifflichkeiten, die im weitesten Sinne dasselbe beschreiben. Jedoch werden diese Begriffe von Personen oftmals nicht gleichbedeutend verwendet oder gar als Selbstbezeichnung geführt. Besonders der Asterisk in „trans*" wird so nicht von allen Personen verwendet. Ursprünglich sollte dieser bezwecken, auch nicht-binäre trans Personen sprachlich zu integrieren und auf sie aufmerksam zu machen. Das „trans" oder „trans*" kann auch als Abkürzung für „transgeschlechtlich", „transident" etc. verstanden werden. Ich für mich sage, dass nicht-binäre trans Personen trans Personen sind und von mir keinesfalls ausgeschlossen werden. Deshalb verwende ich ihn nicht. Trans

Personen sind keine homogene Masse, sondern empfinden ihr trans Sein in vielfältiger Weise und exakt dies muss berücksichtigt werden. Kritik an verschiedenen Begrifflichkeiten erfolgt meinerseits vorwiegend in Richtung einer falschen medialen Verwendung und weniger an der Verwendung als Selbstbezeichnung. Hierbei ist zu beachten, dass auch Selbstbezeichnungen andere Personen verletzen können und sensibel mit ihnen umzugehen ist. Verschiedenste Worte haben im Laufe der Zeit Aneignungen erfahren, so zum Beispiel der Queer-Begriff. Ursprünglich eine rein homo- und transfeindliche Beschimpfung, erfuhr er ein Reclaiming als Selbstbezeichnung und als Ausdruck einer radikalen Kritik bestehender sexistischer, heteronormativer und transfeindlicher Verhältnisse. Dies bedeutet jedoch nicht, dass der Begriff völlig unumstritten ist. Er wird nach wie vor beleidigend verwendet und dies sollte bedacht werden. Zusätzlich erfährt der Queer-Begriff auf verschiedenste Formen Ablehnung. Mit ihm wird ebenso in feministischen Kontexten mitunter eine umfassende Macht definiert, die in der Lage sei, Personen einzuschüchtern oder gar „mundtot" zu machen. Zumeist ist der Ausgangspunkt hierfür eine antiintersektionale Basis. Weil im Zuge von Queerfeminismus ebenso die Beteiligung von Frauen an Diskriminierungsmechanismen aufgrund bestimmter gesellschaftlicher Machtpositionen analysiert wird, entstehen hierdurch Abwehrhaltungen. Die Beteiligung *weißer* (cis) Frauen an nationalistischen und rassistischen Politiken wird ebenso kritisiert wie beispielsweise die Verteidigung transfeindlicher Positionen, die trans Menschen, insbesondere trans Weiblichkeiten, aus feministischen Kontexten ausschließen. Deshalb verwenden verschiedene Personen die Begriffe „queer", „Queerfeminismus", gerne auch „Queeraktivist*innen", anderweitig abfällig. Massiv zugenommen hat auch die abfällige Bezeichnung als POMO oder POMO-Bubble. Das „POMO" steht hierbei für „Postmoderne" und versucht, vielschichtige intersektionale, also queerfeministische, antirassistische und antiableistische Strömungen als eine Art überflüssige Praktik zu definieren. In dem Zusammenhang fällt auch oftmals der Begriff der Identitätspolitik. Leider fällt letzterer

Begriff häufig von antiintersektionalen linken Personen.[3] Ich bezeichne sie auch als „Mono-Linke" oder „Einschienen-Linke", weil sie die Benennung von Diskriminierungsmechanismen mit dem vermeintlich mangelnden Wunsch, die kapitalistische, ausbeuterische Realität zu kritisieren gleichsetzen. *Debatten* über Haupt- versus Nebenwiderspruch werden in absehbarer Zeit nicht enden. Ebenso jedoch wird der Wunsch von trans Personen nach geschlechtlicher Respektierung und die Schöpfung und Weiterentwicklung von Begriffen allzu oft abfällig als „Luxusproblem" bezeichnet. Dazu sei gesagt, dass dies mehrfach marginalisierten Personen unterstellt, sie würden keinerlei negative Auswirkungen des Kapitalismus auf sich selbst spüren. Zu einem solchen Schluss kann nur anhand von bewusster Ignoranz gegenüber vielen Lebensrealitäten gekommen werden. Derartige Aussagen sind auch oft der bewusste Versuch, Kritiken an strukturellen und institutionellen Diskriminierungen zu delegitimieren. Der Begriff „POMO" ist ein Versuch, die Kritik an diskriminierenden Begriffen zu delegitimieren. Er steht zugleich als Platzhalter für ebendiese Begriffe, um sich dieser Kritik zu entziehen und sich dabei sogar den Anschein einer „seriösen Analyse" – ja echt! – zu geben. Darüberhinaus ist der Vorwurf der „Postmoderne" beziehungsweise der „Postmodernen Beliebigkeit" ein Verlangen nach einer bestimmten Ordnung. Es ist das Verlangen nach einer einfach, klar und im wahrsten Sinne eindeutig strukturierten Welt. Eine Welt, die so niemals existierte. Im weiteren Verlauf des Buches werde ich beschreiben, wie sich Personen, die für diskriminierende Praktiken kritisiert werden, hierdurch selbst als unterdrückte Gruppe inszenieren, die ihre Aufrechterhaltung von zum Beispiel transmisogynen Positionen als eine Art „Befreiungsschlag" darstellt.

---

[3] Als ich die erste Fassung des Buches schrieb begegnete mir die Verwendung des Begriffs zumeist bei besagten Personen. Mir wurde erst später bewusst, dass alle politischen Spektren den Begriff verwenden. Gleich ob *weiße* Linke, die Mitte™ oder handfeste Faschist*innen. So wie mitunter der Genderbegriff („Genderismus") abwertend verwendet wird, zeigt sich auch die Verwendung des Begriffs „POMO" über die Grenzen politischer Spektren hinaus. Es scheint, als hätte der Begriff ebenfalls das negative Potenzial zu einem symbolischen Kitt (symbolic glue) zu werden, wie es Pető bereits für den Begriff Gender beschrieb (Pető 2015). Dies sollte zu denken geben.

Was ist Geschlecht?

Da die Kategorie Geschlecht die Basis dieses Buches ist, ist es selbstverständlich unerlässlich, eine rechtliche Definition von Geschlecht darzulegen, anhand derer die Problematiken geschlechtlicher Marginalisierung von trans Personen analysiert werden können. Jedoch muss berücksichtigt werden, dass die Kategorie Geschlecht lediglich auf vermeintlich biologisch begründbarer Existenz beruht und deshalb über keinerlei rechtliche Definition verfügt (vgl. Adamietz 2012: 2). In verschiedenen Dokumenten wird die Angabe des Geschlechts verlangt, es gibt jedoch keine rechtliche Definition, was Geschlecht genau ist, wie Geschlecht definiert wird und welche Person weshalb welche Geschlechtszugehörigkeit besitzt (vgl. ebd.). Sowohl in der Geburtsurkunde, im Geburtenregister wie auch im Reisepass wird das Geschlecht aufgeführt (ebd.), jedoch besteht kein gesetzlicher Artikel, der zunächst darlegt, wie die Bestimmung des Geschlechts erfolgt. Die Zuweisung des Geschlechts wird also der Medizin überlassen und es erfolgt keinerlei weitere Definition abseits einer binär biologistischen Einteilung. Faktisch ist die Kategorie Geschlecht jedoch in verschiedenen Dokumenten und ebenso im Alltag stets gegenwärtig. Das führt zu der Annahme, dass sich die Definition von Geschlecht einzig auf die medizinischen Bestimmungen einer scheinbar eindeutigen Zweigeschlechtlichkeit stützt. Eine Zweigeschlechtlichkeit, die aufgrund anatomischer Gegebenheiten zugewiesen wird. Diesbezüglich heißt es bei Güldenring:

„Das Geschlecht eines Menschen wird in den meisten Kulturen unmittelbar nach der Geburt durch medizinische Expert_innen wie Hebammen oder Geburtshelfer_innen bestimmt. Penis oder Vulva beeinflussen als körperliche Geschlechtsmerkmale für männlich oder weiblich maßgeblich die Zuweisung des Geschlechts." (Güldenring 2015: 31).

Darüber hinaus beschreibt Güldenring, dass mit diesem zugewiesenen Geschlecht, kulturabhängig, eine Vielzahl von stereotypen Vorstellungen über Verhaltensweisen entsprechend der gedachten Geschlechtsrolle verbunden werden (vgl. ebd.). Ergänzend möchte ich auf Serano verweisen, die kritisch ausführt, dass allein die Existenz eines rechtlichen Geschlechts die Problematik einer geschlechtlichen Eindeutigkeit aufzeigt (vgl. Serano 2007: 24). Die rechtliche Einteilung in zwei Geschlechter verdeutliche, dass Zweigeschlechtlichkeit hierdurch *erschaffen* werde und nicht *naturgegeben* existiere. Neugeborene, die intersex /inter/intergeschlechtlich sind, fallen oftmals durch körperliche Normierung aus dieser Einteilung heraus. Die internationale Vereinigung intergeschlechtlicher Menschen (IVIM 2012) übt diesbezüglich scharfe Kritik an der grundsätzlichen geschlechtlichen Zuweisung von Kindern (vgl. IVIM 2013). Darüber hinaus kritisiert die IVIM die fortwährenden Operationen zur *Herstellung* geschlechtlicher *Eindeutigkeit* bei Neugeborenen (ebd.). An dieser Stelle möchte ich eine Kritik äußern und einen Perspektivwechsel auf die Kategorie Geschlecht ermöglichen. Geschlecht ist eine Ordnungskategorie, um Menschen aufgrund von Annahmen, die mit körperlichen Aspekten verknüpft werden, geschlechtlich in produktive und reproduktive Ebenen (Arbeitsteilung) einzuordnen (Bourdieu 2012: 22). Auch Foucault beschrieb dies gleichermaßen und ergänzte mit den Begriffen „Bio-Politik", beziehungsweise „Bio-Macht" (Foucault 1981/ 1985), da diese produktive und reproduktiven Ebenen im Prinzip eine staatlich organisierte Fortpflanzungs- oder Fruchtbarkeitspolitik bedeuten. Annahmen deshalb, weil zum Beispiel von einem vermuteten Organstatus fälschlicherweise auf ein bestimmtes Geschlecht geschlossen wird. Im umgekehrten Fall geschieht diese Zuweisung ebenso. Jedoch ebenso fälschlicherweise. Allein der Begriff „Geschlechtsmerkmale" verdeutlicht das Verständnis von Geschlecht sehr gut. Dieser offenbart, dass Geschlecht kaum mit Selbstbestimmung, sondern stets mit der Begutachtung von Körpern und einer geschlechtlichen Zuweisung durch Dritte verknüpft wurde und wird. Letztendlich wird das gesamte geschlechtliche Verständnis immer wieder auf die möglichen Formen von Fortpflanzung heruntergebrochen.

Geschlechtliche Sozialisation

Im Verlauf des Buches werde ich häufiger den Begriff von „weiblicher /männlicher Sozialisation" verwenden, oder eher darstellen. Sozialisation soll die Fülle an Prägungen im Laufe unseres Aufwachsens und Lebens beschreiben. Es gibt verschiedenste Formen davon, wie und in welchen Bereichen Menschen sozialisiert werden, zum Beispiel politisch. Als einer der stärksten und tiefgreifendsten Bereiche gilt die Zuordnung in ein bestimmtes Geschlecht (Küppers 2012). Deshalb wird der Begriff der Sozialisation besonders in Feminismen häufig aufgegriffen und anhand dessen Diskriminierungsmechanismen, erlebte und ausgeübte Gewalt und vergeschlechtlichte Verhaltensweisen erklärt. Mit dem Begriff der geschlechtlichen Sozialisation sollen Erfahrungen und Erlebnisse als etwas Strukturelles und Gesellschaftsweites dargestellt werden. Etwas, das Allgemeingültigkeit besäße. So weit, so okay. Problematisch wird es, wenn anhand bestimmter Prägungen Ausschlüsse formuliert werden. Wenn trans Frauen also zum Beispiel anhand ihrer – unterstellten – Erlebnisse abgesprochen wird, „überhaupt zu wissen" wie es sei als Frau im Patriarchat behandelt zu werden. Beispiele folgen hierzu im Kapitel ‚Was bitte ist Terf?'".

Was ist geschlechtlicher Biologismus?

Es gibt verschiedene Möglichkeiten, geschlechtliche Aspekte mit Biologismus zu verknüpfen, also bestimmte Schlüsse zu ziehen und daraus Aussagen zu formulieren. Beispielsweise werden vermeintlich geschlechtliche Verhaltensweisen und Stereotype naturalisiert. Ihnen wird also ein Status von Normalität unterstellt, der sich von einem bestimmten Geschlecht ableitet. Derartige Vergeschlechtlichungen von Verhaltensweisen werden weitestgehend auch von cis Feminismen zu Recht auf schärfste kritisiert. Aus solchen Stereotypen heraus werden bestehende Sexismen als gerechtfertigt dargestellt, da sie mit „biologischen Tatsachen" *räusper* verbunden werden. Ein banales Beispiel wäre, dass Frauen aufgrund von vermeintlich geringeren Konzentrationen an Testosteron im Körper ein weniger ausgeprägtes Selbstbewusstsein und geringere Durchsetzungsfähigkeiten hätten. Eine derartige Argumentation würde wohl in der überwiegenden Zahl von Feminismen umgehend kritisiert werden. Der tatsächlich zugrunde liegende zweigeschlechtliche Biologismus, der argumentiert, Geschlechter von Körpern ablesen zu können, bleibt hierbei jedoch meist unangetastet. Verhaltensweisen zu biologisieren, beziehungsweise als natürlich zu erklären, ist weitestgehend verworfen und gilt als sexistisches Mittel der Einordnung von Menschen. Geschlechtlicher Binarismus, Gleichsetzung von Organen, Hormonen und Chromosomen mit Geschlechtern, wird dennoch weiterhin als Standard aufgefasst.

Damit komme ich auch zum Kernstück des geschlechtlichen Biologismus: Dem Schluss vom Körper auf das Geschlecht und davon wiederum auf bestimmte Verhaltensweisen.

Dass diese Ansichten allerdings unweigerlich Diskriminierung und Ausschlüsse mit sich bringen, wird zu oft ignoriert, vorsätzlich verfolgt oder auch für das eigene Empowerment in Kauf genommen. Selbst wenn dabei Mehrfachmarginalisierte unsichtbar gemacht werden. Deshalb möchte ich dazu auffordern, die bestehenden Biologismen bei sich selbst und in der Öffentlichkeit zu erkennen und zu kritisieren.

Ich möchte den Anstoß dazu geben, den Schluss vom Körper auf das Geschlecht in allen möglichen Facetten zu unterlassen.

Statt also von bestimmten Organen auf ein Geschlecht zu schließen, kann jedes Körperteil und jedes vergeschlechtlichte Organ jedem Geschlecht zugehörig sein. Eine Frau kann ausgeprägte Brüste und einen Penis haben. Sie kann diese Organe haben und sie für sich völlig anders bezeichnen, weil bestehende vergeschlechtlichte Begriffe bei der Person teilweise schwere Dysphorie auslösen können. Ich möchte hier nicht jede mögliche Konstellation einzeln ausführen. Der Punkt ist, dass die Vergeschlechtlichung von Körpern und welche Schäden dies bei Menschen anrichten kann, in unseren Köpfen überdacht werden soll.

Um es abzukürzen:

Falsch: „Ah, dieser Körper weist diese und jene Organe auf, muss also weiblich sein."

Richtig: „Diese Person teilte mir mit, dass they eine Frau ist. Their Körper ist also der einer Frau."

Richtig +: „Ich schließe nicht von der Erscheinung von Personen auf deren Geschlecht und erwarte/verlange auch keinerlei Auskunft darüber von einer Person."

Ganz nebenbei: Das Geschlecht einer Person zu vermuten und falsch zu liegen, ist eine Sache. Personen ein Geschlecht zuzuweisen und deren Willen nicht zu respektieren, ist Gewalt. Es läuft der geschlechtlichen Selbstbestimmung einer Person zuwider, wenn versucht wird, eigene diskriminierende Einstellungen und Überzeugungen als wichtiger zu betrachten. Glaubt mir, Transfeindlichkeit ist nicht kreativ und auch nicht edgy, sie reproduziert nur das bestehende binäre Geschlechtersystem.

Biologismus: Schluss vom Körper auf das Geschlecht, Abweichungen werden pathologisiert oder maximal als Identität/Empfinden eingestuft.

Ich: umgekehrte Herangehensweise → Wenn Person eine Frau, dann Körper einer Frau.

Drei Perspektiven auf das trans Sein

Zunächst muss vorangestellt werden, dass abseits der medizinisch-psychologisch-rechtlichen Ebene eine konkrete, allgemeingültige Definition des trans Seins nur schwer Bestand haben kann. Diese unterliegt, gerade in den universitären Gender Studies beziehungsweise in aktivistischen Bereichen, wie sämtliche Begriffe, ständigem Diskurs. Daher ist selbst eine scheinbar simple Definition davon, was Personen zu trans Personen macht, nicht in Kürze und unumstößlich formulierbar. Deshalb sollen im Folgenden drei verschiedene Perspektiven Aufschluss geben.

Medizinisch-psychologisch-rechtliche Perspektive

Transsexualität oder *transsexuell* Sein sind die ursprünglichen medizinischen und rechtlichen Begriffe, um trans Sein zu beschreiben. Sie sind nach wie vor in Medizin und deutschem Recht feststehend, deshalb werde ich diese zu Beginn erläutern. *Transsexualität* soll den Zustand beschreiben, eine Abweichung vom vermeintlich angeborenen, sogenannten biologischen, körperlichen oder auch somatischen Geschlecht zu empfinden. Darüber hinaus soll *Transsexualität* mit dem Bestreben einhergehen, den eigenen Körper hormonell und operativ möglichst weit an das sogenannte andere Geschlecht anzugleichen (vgl. DIMDI 2012).

Diesbezüglich hier ein Auszug aus der internationalen statistischen Klassifikation der Krankheiten und verwandter Gesundheitsprobleme, Ausgabe 10 (ICD-10):

„Der Wunsch, als Angehöriger des anderen Geschlechtes zu leben und anerkannt zu werden. Dieser geht meist mit Unbehagen oder dem Gefühl der Nichtzugehörigkeit zum eigenen anatomischen Geschlecht einher. Es besteht der Wunsch nach chirurgischer und hormoneller Behandlung, um den eigenen Körper dem bevorzugten Geschlecht soweit wie möglich anzugleichen." (ebd.)

Zur Ergänzung hier noch eine andere Formulierung aus dem Pschyrembel:

„Fehlende Übereinstimmung der Geschlechtsidentität mit dem somatischen Geschlecht; im Diagnostic and Statistical Manual of Mental Disorders Nummer 5 (DSM-5) als Geschlechtsdysphorie bezeichnet. Kennzeichnend ist die Unzufriedenheit mit der biologischen Geschlechtszugehörigkeit. Zum Teil werden nur Teilaspekte abgelehnt (partielle Geschlechtsdysphorie; engl. gender confusion). Häufiger besteht aber eine vollständige und anhaltende Ablehnung des somatischen Geschlechts (Transsexualität)." (Pschyrembel 2016)

Diese Formulierungen, die sich auf die Definition aus der ICD-10 unter dem Kapitel V, Psychische- und Verhaltensstörungen und dem Diagnosecode F64.0, beziehen, legen fest, dass trans Sein als eine Störung der Geschlechtsidentität betrachtet wird. Diese müsse in der Regel operativ und/oder hormonell behandelt werden, um schrittweise den empfundenen Leidensdruck möglichst zu verringern. Beide Formulierungen beinhalten auffallende Unterschiede in der möglichen Ausprägung, dem Erleben und Empfinden des trans Seins. Wo die Fassung des Deutschen Instituts für Medizinische Dokumentation und Information (DIMDI) noch beschreibt, dass mit der Geschlechtsidentitätsstörung häufig ein Leidensdruck einhergehe, ohne dies weiter auszuführen, wird im Pschyrembel bereits die Möglichkeit einer so bezeichneten partiellen Geschlechtsdysphorie erwähnt (ebd.). Diese Defintion beschreibt zwar weiterhin, dass dieser Zustand nicht häufig auftrete, es lässt jedoch die Möglichkeit zu, dass ein schrittweiser Abbau der bestehenden Vorstellungen über „korrektes" Empfinden von Geschlechtsdysphorie möglich sein kann. Darüber hinaus verwendet die zweite Formulierung, im Gegensatz zur Version des DIMDI, den Begriff der Geschlechtsdysphorie. Dieser Begriff, manchmal auch nur Dysphorie, orientiert sich an der englischsprachigen Bezeichnung der *gender dysphoria*. Dieser kann in der Definition des trans Seins des britischen National Health Service (NHS) gefunden werden (vgl. NHS 2016). Neben dem Begriff der *gender identity disorder* ist dies ein gängiger Ausdruck, um trans Sein zu beschreiben.

Hierzu die Definition des NHS:

„Gender dysphoria is a condition where a person experiences discomfort or distress because there's a mismatch between their biological sex and gender identity. It's sometimes known as gender identity disorder (GID), gender incongruence or transgenderism." (ebd.)

Dies zeigt, dass der Dysphoriebegriff im Deutschen wie im Englischen gleichbedeutend verwendet wird. Im Deutschen wird der Begriff im medizinischen Bereich ebenso aufgefasst wie zum Beispiel beim NHS und als Synonym zur Geschlechtsidentitätsstörung verwendet. Da das trans Sein in medizinischen Definitionen mit dem Leidensdruck und daraus resultierenden operativen Eingriffen gleichgesetzt wird, beschreibt die Dysphorie hierbei keinen gesonderten Zustand des jeweiligen Empfindens, sondern wird lediglich als ein austauschbarer Begriff zu Transsexualität oder auch Geschlechtsidentitätsstörung verwendet.

Diese dargelegten Definitionen setzen zunächst Zweigeschlechtlichkeit als Normalzustand fest und machen Personen, die von diesem abweichen, diagnosebedürftig. Darüber hinaus legen sie fest, dass die Abweichung des geschlechtlichen Empfindens stets mit einem speziellen Leidensdruck einhergehe. Dies legt zunächst offen, dass die hierzu benötigte Vorstellung von Geschlechtern streng binär ist und davon ausgeht, dass diese an Körpern ablesbar seien. Eine körperliche und geschlechtliche Selbstbestimmung wird hierbei kaum berücksichtigt. Personen, die dieses Empfinden nach Zugehörigkeit zu einem bestehenden binären Geschlecht nicht oder nicht die entsprechenden „korrekten" Empfindungen haben, werden von dieser Diagnose nicht erfasst und können somit auf dem bestehenden Weg keinerlei Behandlung erfahren.[4]

---

[4] Sofern sie dieses erwartete Empfinden nicht vorgeben.

Universitäre Gender Studies als Perspektive

Innerhalb der universitären Gender Studies ergibt sich noch oftmals die Aufteilung des Geschlechts in Sex und Gender (vgl. Kerner 2007: 5ff.). Also in das sogenannte biologische und das sogenannte soziale Geschlecht (ebd.). Die Kategorie des biologischen Geschlechts gibt hiernach Auskunft über die anatomischen Gegebenheiten einer Person, wohingegen das soziale Geschlecht beschreibt, welche soziale geschlechtliche Rolle gelebt werde (Gleichstellungsbeauftragte der Universität Duisburg-Essen 2013). Hieraus ergibt sich für das trans Sein leider zu oft die Definition, dass Personen entsprechend einer Abweichung zwischen angenommenem anatomischen Geschlecht und der gelebten sozialen Rolle aufweisen (vgl. Serano 2007: 26). Oder anders ausgedrückt, es wird definiert, dass so bezeichnetes biologisches und soziales Geschlecht nicht miteinander übereinstimmen (ebd.). Grundlegende Kritiken an bestehenden Biologismen tauchen noch zu selten auf und somit haben trans Personen einen äußerst schweren Stand, der mit viel emotionaler Aufklärungsarbeit verbunden ist. Sofern sie dem Druck standhalten können, sich immer und überall zu erklären. Judith Butler beschrieb zwar bereits 1990 in Gender Trouble/Das Unbehagen der Geschlechter nicht lediglich ein soziales, sondern Geschlecht generell als sozial konstruiert (ja, auch das „biologische"). Doch obwohl Butler weithin bekannt ist, wird die Existenz von transgeschlechtlichen Menschen leider allzu häufig als außerhalb des gesellschaftlichen Lebens stehend begriffen. Trans Personen gelten allzu oft lediglich als passive Forschungsobjekte, die als lebendige Datensätze fungieren. Eine aktive Rolle als Aktivist*innen oder Forscher*innen wird ihnen zu selten zugeschrieben oder gar nicht erst zugetraut.

Trans aktivistische Perspektive

Aus meiner aktivistischen Perspektive bedeutet trans Sein, dass eine Person über keine, oder keine vollständige Identifikation mit dem bei der Geburt zugewiesenen Geschlecht verfügt. Hierzu folgendes Zitat:

„Transgender or Transsexuality is an umbrella term for anyone whose internal experience of gender does not match the gender they were assigned at birth(…). Transgender people often experience discomfort or distress due to their gender not being recognized by others, and therefore wish to transition to being viewed as their true gender identity. (…)." (GenderWikia 2016)

Entgegen der vorangegangenen Definitionen konzentriert sich diese darauf, dass das trans Sein durch eine fälschliche Zuweisung von außen entsteht. Der Wunsch nach dauerhaften operativen und hormonellen Behandlungen wird zwar erwähnt, jedoch nicht als Grundvoraussetzung festgelegt. Ferner verzichtet diese Definition auf Begrifflichkeiten wie „biologisches", „anatomisches" oder „Geburtsgeschlecht", sondern bezieht sich einzig auf die geschlechtliche Selbstbestimmung als Grundvoraussetzung für das trans Sein. Diese Definition erscheint ebenso einfach wie verwirrend, da Personen, die sich mit der Thematik nicht beschäftigen müssen, trans Sein häufig allein mit Zuständen psychischen Leidens, Hormonersatztherapien und operativen Eingriffen gleichsetzen. All dies können durchaus Aspekte von Transgeschlechtlichkeit sein, jedoch sollten sie nicht generalisiert und definitorisch verwendet werden. Die Ausprägungen des potenziellen Leidens und die Abneigung gegenüber verschiedenen Partien des eigenen Körpers sind Empfindungen, die von Person zu Person unterschiedlich sind oder ebenso gar nicht vorkommen können. Am trans Sein, also einer Nicht-Identifikation oder nur teilweisen Identifikation mit dem bei der Geburt zugewiesenen Geschlecht, ändert dies nichts.

Harry Potter und die „Geschlechtsumwandlung"

Ich möchte nun zwei problematische Ebenen des Begriffs „Geschlechtsumwandlung" darstellen. Zum einen die cisnormative Vorstellung, dass trans Menschen ein „eigentliches", „körperliches" bzw. „biologisches" Geschlecht innehätten, von dem aus irgendwohin „gewechselt" werden würde. Ich möchte noch kurz vorwegnehmen: es kommt kein Harry und auch keine Hermine mit dem Zauberstab. Gebt „Umwandlung"sbegriffe auf. Wirklich.

Fest etablierte medizinische Fachbegriffe wie „Mann-zu-Frau transsexuell" oder „Frau-zu-Mann transsexuell" verdeutlichen dies. Mit diesen cisnormativen Mitteln wird versucht, trans Menschen einteilen zu können. Es dient der Aufrechterhaltung der Ordnung. Hiernach gibt es nur zwei Geschlechter, Personen können, oder gar *dürfen*, zwar von einem zum anderen „wechseln", am geschlechtlichen Biologismus, der Herleitung von Geschlecht aus Körpern, wird aber nicht gekratzt. Das Wort „Geschlechtsumwandlung" ist kein selbstgewähltes, es soll die Geschlechter von cis Personen absichern und festigen. Denn die Geschlechter von trans Menschen gelten lediglich als „gefühlt" oder „identifiziert sich als". Hieraus entspringen auch kreative Sätze von zumeist cis Personen wie: „er ist jetzt eine Frau", „sie lebt jetzt als Mann", oder auch „er möchte zukünftig mit ‚sie' angesprochen werden". Der cisnormative Anker in den Köpfen, auch in denen von trans Personen, sitzt sehr, sehr fest. Deshalb kommen auch irrtümliche Verwendungen zustande, wie zum Beispiel einen trans Mann als „trans Frau" zu bezeichnen. Dieser Mann wird oftmals als „eigentliche Frau" betrachtet, „die" nun eine geschlechtliche Transition anstrebe, oder Ähnliches. Die Denkweise ist hierbei umgekehrt zur Realität und deshalb halten Personen in diesem Fall die Bezeichnung als „trans Frau" für trans Männer als korrekt. Gewiss kann dies bei offen transfeindlichen Personen mitunter äußerst amüsant werden, wenn sie trans Frauen als „biologisch weiblich" bezeichnen und somit unbeabsichtigt meine Weiblichkeit bestätigen. Klappt leider nicht immer so.

Ich besuchte ein Seminar, in dem unter anderem Homo- und Transfeindlichkeit thematisiert wurden. Vor einem Referat sprachen mich die beiden Referentinnen auf bestimmte Begrifflichkeiten an. Sie waren sich unsicher, ob der Begriff „Geschlechtsumwandlung", der in vielen, auch aktuelleren, Quellen auftauchte, noch akzeptabel sei. Ich verneinte dies und wies sie darauf hin, dass zum Beispiel der Begriff „geschlechtliche Transition" sensibler und ein selbstgewählter Begriff ist. Sie änderten die Worte noch hastig vor ihrem Referat und waren sehr glücklich. Während des Referats fiel mir sanft lächelnd auf, dass sie fortan nur noch diesen Begriff verwendeten und sich geradezu daran festklammerten. Ich fand das überhaupt nicht schlimm, denn es verdeutlichte mir quasi die Hilflosigkeit, die selbst sensibilisierte Personen aufweisen. Sie hatten schlicht keinerlei begriffliche Alternativen, auf die sie ausweichen konnten. Keine separate Ansprache von Hormonersatztherapie, keine Erwähnung von verändertem Auftreten, neuen Pronomen, neuem, selbstgewählten Namen. Dies machte mir klar, dass dies überhaupt nicht mitgedacht wird, wenn von geschlechtlichen Transitionen von trans Menschen gesprochen und daran gedacht wird. Wenn an sie gedacht wird, wenn über sie berichtet wird, wird zu allermeist von „Geschlechtsumwandlungen", im Höchstfall von „Geschlechtsangleichungen" gesprochen. Es verdeutlicht, dass eine trans Person, so die cisnormative Vorstellung, nur „echt" trans sein kann, wenn diese „DIE OP" hat oder hatte. Ja, mit „DIE OP" meinen sie „DIE OP". Logo, ne? Es besteht in cisnormativer Ordnung kein trans Sein ohne operative Eingriffe, denn darum geht's ja schließlich bei uns. Und wer davon abweicht, kann es nicht ernst meinen. Fall geklärt, denn trans Menschen sind ja alle gleich. Spoiler: Nein, sie sind Individuen.

Der Begriff der geschlechtlichen Transition ist ein selbst gewählter und soll die Brutalität des fremdbestimmten medizinischen Apparates aufdecken und zerlegen. Er soll verdeutlichen, dass die Dimensionen des trans Seins wesentlich weitgehender sind, als die cisnormative Vorstellung es begreift und zulassen will. Sich eigene Begrifflichkeiten zu kreieren und zu vertreten ist ein Akt der Selbstbestimmung. Niemand würde eine Nasenscheidewandkorrektur „Nasenumwandlung", oder eine Zahnoperation „Gebissumwandlung" nennen. Es existieren präzise Begriffe hierfür. Weil es aber eben keinen weitgehenden Bedarf (von cis Seite) gibt, neue Begriffe zu entwickeln oder zu akzeptieren, wird alles unter „Geschlechtsumwandlung" zusammengefasst. Deshalb gehen viele Leute auch leider davon aus, dass sämtliche Veränderungen einzig hormonell und operativ herzustellen seien.

Dazu: Kaum jemand dachte ein halbes Jahr vor Beginn meiner Hormonersatztherapie, dass ich bis dato weder Operationen gehabt hatte noch Hormone nahm. Meine Erscheinung entsprach scheinbar bereits so sehr cisnormativen Erwartungen von *weiblichem Auftreten*, dass dies damit verknüpft wurde.Der Einfachheit und Ignoranz halber wird einfach von „Umwandlung" gesprochen, weil ja klar ist, dass „eh alle wissen was gemeint ist". Und dabei wissen sie meist überhaupt nichts und gehen davon aus, dass trans = OP ist und zu sein hat.

Ich möchte hiermit klarmachen, dass es nicht möglich ist „einfach und sachlich" von „Geschlechtsumwandlungen" zu sprechen, ohne damit die Existenz und die Identitäten von trans Personen im Kern zu attackieren. Ich möchte hiermit klarmachen, dass der gesamte Prozess der Selbstfindung, der Selbstbestimmung und alle potenziell angestrebten Veränderungen bereits unter den Begriff der geschlechtlichen Transition fallen. Operationen und Hormonersatztherapien sind Optionen der Transition und keine Pflicht.

Zur Verdeutlichung: Um das Geschlecht einer Person – von außen – „umzuwandeln", müsste diese Person manipulativen Techniken unterzogen werden. Techniken, die darauf abzielen, den Willen einer Person zu brechen und deren persönliche Realität und Selbstwahrnehmung als nicht existent zu definieren. Derartige Methoden werden als „Konversionstherapie" bezeichnet und erlangen gerade mehr Aufmerksamkeit, da auf Bundesebene Vorstöße gemacht werden, diese zu verbieten (Ärzteblatt 2019/Deutschlandfunk 2019). Allerdings betrifft dies derzeit lediglich jene „Therapien", die sich ausdrücklich auf Sexualität und romantisches Begehren beziehen. Die Manipulation von transgeschlechtlichen Menschen wird hierbei unbeachtet gelassen.

Und abschließend dazu von meiner Seite:

Die geschlechtliche Transition hat mir das Leben gerettet und das tut sie auch weiterhin jeden Tag.

Dysphorie und Euphorie
– Leid und Freude im trans Ich

In den vorangegangenen Definitionen tauchte ab und zu der Begriff „geschlechtliche Dysphorie" auf. In den bestehenden medizinischen Definitionen wird dieser oftmals gleichbedeutend zum trans Sein an sich verwendet. Allerdings gilt diese Dysphorie nicht als individuelles Fühlen, Leiden und Empfinden, sondern als der Zustand, der zu bestehen hat, um korrekt diagnostiziert zu werden. Welche Konsequenzen dies in Bezug auf Vereinheitlichung von trans Lebensläufen haben kann, beschrieb ich bereits. Auch wenn in einer Definition der Begriff der „partiellen Dysphorie" auftauchte, gilt doch zumeist eine „volle Ablehnung des eigenen Körpers" als einzige Bestätigung, dass eine Person „echt" trans sein könne. Allein der Begriff des trans Seins ist bereits ein rein aktivistisch geprägter. Die Vorstellung, offen trans Aktivismus zu betreiben und aus vollem Herzen zu sagen, dass du froh über dein trans Sein bist, könnte für Gatekeeper*innen bereits einen Grund für Sanktionen darstellen. Dein Glücklichsein kann als „mangelnder Leidensdruck" ausgelegt werden. Lose-Lose Situation. Geschlechtliches Dysphorieempfinden ist so viel mehr, und kann so viel individueller sein, als medizinische Definitionen parat halten. Aus meiner individuellen Perspektive ist Dysphorie etwas, das grundsätzlich stets da ist und war, weil mich meine Umwelt nicht so wahrnahm, wie ich mich fühlte und es mir wünschte – als Frau. Prozessartig zeigten sich bei mir verschiedenste Abneigungen gegen meinen Körper, gegen einzelne Regionen meines Körpers, gegen meine Stimme. Auch wenn Normierungen von Körpern erkannt und hinterfragt werden, werden trans Personen aus den eigenen Abneigungsgefühlen und Ängsten, die durch diese Normen entstehen, nur schwerlich allein herauskommen.

„Dann sollten wir lieber die Normen bekämpfen, als dass trans Personen ihren Körper verändern!"

Why not both?! Normierungen können erkannt und kritisiert werden. Gleichzeitig kann es trans Personen maximal erleichtert werden, zu transitionieren. Völlig gleich, welche individuellen Vorstellungen sie dabei haben. Ich kann Normen erkennen und kritisieren. Ich kann systematische Diskriminierungen erkennen und benennen, jedoch nicht außerhalb von ihnen existieren. Wohl aber kann ich versuchen, die Umstände in ihnen zu verbessern. Letztendlich kann ich mich auch individuell mit zum Beispiel als „stereotyp" bezeichnetem Auftreten völlig wohlfühlen und es nicht ausschließlich aus Zwängen heraus betreiben. Dazu später noch mehr.

Allein der Bereich der Stimme ist so viel größer, als es sich Leute, die nicht negativ von Cissexismus betroffen sind, und alle medizinischen Definitionen zusammen, zumeist vorstellen können. In jedem Niesen, Husten, Lachen und Räuspern steckt deine Stimme. Dies spürte ich auch tatsächlich erst, als meine Wahrnehmung stetig sensibler wurde. Und so sang ich laut, gewiss nur wenn ich alleine war, und ich las laut, jeden Text, jedes Buch, auch nur wenn ich alleine war. Ich las und sang teilweise mit imaginierter Heliumstimme, um meinen gesamten Sprechapparat, hauptsächlich für mich selbst, wohlklingender zu gestalten. Über die vergangenen Jahre erinnerte ich mich häufig, als Heranwachsende für meine „zu hohe" Stimme gemaßregelt und das ein oder andere Mal verspottet zu werden. Ich realisierte, wie ich während der Pubertät und dem jungen Erwachsenenalter stetig versucht hatte, meine Stimme tiefer, grober und „männlicher" klingen zu lassen. Ich realisierte, dass meine gewöhnlich gesprochene Stimmlage im Jahr 2014 mit 28 Jahren keine „biologisch, natürlich" gewachsene, sondern vielmehr das Produkt eines jahrelangen Trainings war. Ich selbst hatte, durch äußere, diskriminierende Einflüsse, meine Stimme zu dem gemacht, was sie nun war.

Doch nicht nur meine Stimme, auch mein Auftreten, meine Mimik und Gestik, all dies waren Produkte des jahrelangen Übens, um möglichst maskulin zu erscheinen. Ich habe dies all die Jahre nie hinterfragt.

Trans Sein und Transitionieren wird von transfeindlichen Menschen als *Verstümmelung* des eigenen „natürlichen" Körpers begriffen und oftmals so dargestellt. Dabei erfahren viele trans Personen Dinge während ihrer Pubertät, oder sogar früher, durch die sie gezwungen wurden, eine Person zu sein, die sie nicht waren. Anders ausgedrückt, Selbstbestimmung und so zu Leben wie du wirklich bist, gilt für trans Personen oftmals nicht, sondern wird mit aller Härte bekämpft. Was cis Personen begreifen sollen ist, dass viele trans Kindheiten traumatisch sind, weil wir oftmals keine Ansprechpersonen und Vorbilder haben, dafür aber viele Leute, die uns zu etwas machen wollen, das wir nicht sind.

Anmerkung: Als feminin bezeichnete Stimmen, Gesten und Mimiken sind kein „Anzeichen" dafür, dass eine Person trans ist. Ich möchte ebenso, dass cis Personen durch ihr „abweichend" vergeschlechtlicht wahrgenommenes Auftreten keinerlei Nachteile erfahren müssen. In Bezug auf trans Personen kann sich dies, auch im späteren Verlauf ihres Lebens, allerdings anderweitig negativ auswirken. Zum Beispiel, wenn ich jahrelang mühselig üben muss, um meine Stimme in eine für mich angenehme Tonlage zu befördern.

Kategorien der geschlechtlichen Dysphorie

Im Titel dieses Kapitels schreibe ich neben Dysphorie auch von Euphorie. Dysphorie ist allerdings, wie erwähnt, keine Sache, die alle trans Personen überhaupt und auf die gleiche Art und Weise erleben. Und darüber hinaus lässt sie sich wiederum in verschiedene Kategorien einteilen. Um möglichst klarzumachen, dass geschlechtliche Dysphorie weitreichender ist als medizinische Definitionen es erfassen, möchte ich einige Unterteilungen vornehmen, die den Überblick erleichtern sollen.

Kerndysphorie

Dysphorie beschreibt aus meiner aktivistischen Perspektive einen gewissen Grundzustand, der Situationen des Leidens von trans Personen widerspiegelt, weil sie nicht als ihr Geschlecht wahrgenommen werden. Die „bloße" Angst, dass du geschlechtlich falsch wahrgenommen wirst, obwohl dein Passing stabil ist, fällt ebenso unter diese Kategorie.

Für mich persönlich ist Dysphorie also etwas, das grundsätzlich da ist, und für mich am besten als eine Unsicherheit im Sinne von Ungewissheit beschrieben werden kann. Wenn trans Personen erwachsen sind, haben sie oftmals viele Jahre mit dem Bewusstsein gelebt, tatsächlich und unumstößlich ihr zugewiesenes Geschlecht zu sein. Die schrittweisen Unsicherheiten und Zweifel daran verlaufen meist so zaghaft, dass sie es vielleicht zunächst nicht wahrhaben können oder wollen, trans zu sein. Wenn trans Personen zu ihrer eigenen Überzeugung gelangt sind, werden sie aber umso mehr mit einer umfassenden Menge an Normen konfrontiert, die sie so zuvor vielleicht niemals wahrnahmen. Daraus können diese Leidenssituationen entstehen, weil sie es für völlig unrealistisch halten, jemals nur ansatzweise bestimmten Normierungen, was zum Beispiel Aussehen und Auftreten angeht, zu entsprechen. Diese Situationen bezeichne ich als *Dysphorieschübe*. Schübe, in denen die Verzweiflung so groß werden kann, dass sie mit völliger Hoffnungslosigkeit und Niedergeschmettertsein einhergehen. Möglicherweise führt es dazu führen, mehrere Stunden zu nichts mehr in der Lage zu sein, außer bittere Tränen zu vergießen. Doch Dysphorie ist, wie bereits erwähnt, etwas, das individuell erlebt wird.

Akute Selbst-Dysphorie

Die Wahrnehmung ist hierbei ein entscheidender Bestandteil. Allerdings geht es nicht lediglich um Außenwahrnehmung, nein, auch die eigene Wahrnehmung, bei einem prüfenden Blick abwärts an sich selbst oder in den Spiegel, kann oftmals massive negative Folgen haben. Auch die eigene Stimme nun wesentlich sensibler wahrzunehmen, kann sich äußerst negativ auf das eigene Wohlbefinden auswirken. Und es gibt eine Vielzahl anderer Möglichkeiten, geschlechtlich dysphorisch auf den eigenen Körper zu reagieren, ohne dass es um die am häufigsten als Ursachen bezeichneten Körperpartien gehen muss. Am häufigsten werden die am stärksten vergeschlechtlichten Teile unserer Körper als Leidensdruck auslösende vorgeschrieben und definiert. Ja, ihr habt es erraten, die Brust, Vulva und Vagina (Vulvina) sowie Penis und Hoden. Jedoch müssen eben jene Parts nicht zwingend zu massiven Dysphorieschüben führen. Viel häufiger kann es die eigene normierte Wahrnehmung von Stimme, Gestiken, aber auch zum Beispiel von Körperbehaarung sein, die sehr weitreichende Folgen haben kann. Eben jene Aspekte, die durch die Umwelt oftmals deutlich stärker wahrnehmbar sind. Hierbei könnt ihr zum Beispiel gerne mal an Telefonate denken, wenn eure Stimme nicht den geschlechtlichen Normen entspricht. Also nicht allein die Konfrontation mit tatsächlichen transfeindlichen Situationen, sondern bereits die Sorge, in diese zu geraten, bezeichne ich als Dysphorie.

Hierzu aus meiner Perspektive und meinen persönlichen Erfahrungen:

Fragen an mich selbst wie ...

„Klingt meine Stimme passend?"

„Muss ich mein Make-up auffrischen?"

„Wirkt mein Outfit feminin genug?"

„Habe ich die sichtbaren Stellen an meinem Körper ausreichend enthaart?"

... sind Absicherungen, um unangenehmen bis gefährlichen Situationen vorzubeugen. Dysphorie *kann* eine Art Schutzmechanismus sein. Sie verlangsamt dich aber unumgänglich, weil du ständig nochmal alles nachprüfst. Nochmal schnell ein Blick in den Spiegel, nochmal einen Beispielsatz laut vorsagen. All das kostet Zeit und verdammt viel Energie.

Für mich war diese detaillierte Darstellung notwendig, um euch klarzumachen, dass ich zeitweise nicht das Haus oder auch nur die Wohnung verlassen konnte, ohne viel Zeit vor dem Spiegel zu verbringen und meine Selbstzweifel wegzuschminken. Ich möchte euch hiermit klarmachen, dass dies mein persönliches Empfinden darstellt.

Ich werde im späteren Verlauf noch auf geschlechtliche Normen eingehen und wie sich diese speziell auf trans Frauen auswirken. Bis dahin gilt, eine Frau ist eine Frau, egal was sie trägt, wie ihre Stimme klingt oder was sie mit ihrem Körper macht, und egal, ob sie cis oder trans ist.

Akute Fremd-Dysphorie

So bezeichne ich bestimmte Situationen, in denen Personen, aktiv oder passiv ist hierbei egal, dafür sorgen, dass deine Selbstsicherheit getrübt oder zeitweise völlig in Frage gestellt wird. Das kann das Telefonat sein, in dem du als Frau mit deiner tiefen Stimme als „Herr" bezeichnet wirst. Das kann ein Brief sein, der an deinen (noch bestehenden) Passnamen adressiert ist, oder ebenso ein „unsicheres" Misgendering vor Leuten. Es gibt sicherlich eine Fülle von jeweiligen Situationen, die einen Dysphorieschub auslösen können, und ich kann keineswegs für alle Begebenheiten sprechen.

Geschlechtliche Euphorie? Ist das überhaupt erlaubt?

Gehen wir von medizinisch-psychologischen Definitionen aus, ist geschlechtliche Euphorie für trans Menschen strengstens verboten, da dich ein euphorischer Zustand ja quasi nicht mehr trans sein lässt. Sonst würdest du dich nicht freuen. Logisch, oder?

Es passiert tatsächlich sehr viel Negatives, aber manchmal kann es zu Situationen in deinem trans Lebenslauf kommen, in denen einfach alles passt und sich richtig, richtig gut anfühlt. Der Blick in den Spiegel, der dir plötzlich mehr Sicherheit gibt als dein eigenes Empfinden, das passende Kleidungsstück, die geradezu glasschneidende Mascara auf deinen Wimpern, oder eine Situation, in der du, ohne es zu erwarten, von unbekannten Personen korrekt gegendert wirst. All das können Situationen sein, die dir eine allumfassende Sicherheit geben können, dass du wirklich du selbst und echt bist. Sie können so plötzlich passieren und selbst jetzt, mit meinem wohl insgesamt sehr stabilen Passing, ist es immer noch ein ausnehmend wundervolles Erlebnis. Da allerdings die geschlechtliche Dysphorie der pathologische Zustand von trans Personen zu sein hat, kann ein plötzliches Wohlfühlen als negativ ausgelegt werden, denn fröhlich und überzeugt trans zu sein gilt zumeist noch als unwahrscheinlich und daher mindestens verdächtig.

Dazu möchte ich euch sagen:

Genießt jeden einzelnen Hochmoment, wenn ihr gegen alle Widrigkeiten euch selbst fühlt und euch nichts davon abbringen kann!

Haltet diese Momente fest!

Erzählt Freund*innen davon, eurer Familie (wenn es für euch möglich ist), schreibt im Internet darüber, denn es wird eure trans Geschwister aufbauen und ermuntern!

Die „Sex/Gender" Problematik

Cisnormative Feminismen versuchen häufig, die Kategorien „biologisches/soziales Geschlecht" zu etablieren und zu erhalten. Diese Einteilung soll sozusagen die Entfaltungsmöglichkeiten des Sozialen verkörpern, sich jedoch immer auf eine vermeintliche, biologisch begründbare, wenn auch mitunter weniger wichtig erachtete, Kategorie berufen können. In Abgrenzung dazu gehen Bestrebungen von offen transfeindlichem Feminismus in die Richtung, die Kategorie des „sozialen" Geschlechts zu kritisieren und abzuschaffen. Mit ihr werden Stereotype und Sexismus verknüpft, und im Gegensatz dazu gilt die Kategorie des „biologischen" Geschlechts als faktisch beleg- und damit als vertretbar. Die thematischen Überschneidungen liegen im Biologismus der geschlechtlichen Binarität, wenngleich sich cis Feminismen mitunter offener zeigen. Überspitzt könnte dies in bestimmte Aussagen münden:

Transfeindlicher Feminismus: „Es gibt zwei Geschlechter und diese sind von Körpern/Anatomien herleitbar."

Cis Feminismen: „Es gibt grundsätzlich zwei Geschlechter, die von Körpern/Anatomien herleitbar sind, aber du kannst sein was du willst."

Mit dieser Verkürzung möchte ich die Gemeinsamkeiten darstellen und zeigen, weshalb eine bloße Kritik an offen transfeindlichem Feminismus zu kurz greift. Durch sie würde der allgegenwärtige Biologismus, Cissexismus und der Ausschluss von trans Personen als generelle Verantwortlichkeit von Feminismen ignoriert.

Um dies vorab anzumerken: nur weil vielen die Aufteilung von Geschlecht in die Kategorien Sex und Gender geläufig ist, bedeutet dies keineswegs, dass alle Personen die Begriffe auf ein und dieselbe Weise verwenden. Wenn ich von „Gender" spreche, meine ich damit „Geschlecht". Und damit meine ich kein „soziales", „empfundenes" Geschlecht oder eine „Geschlechtsidentität", sondern mein Geschlecht. Mittlerweile etabliert sich der Begriff „Gender" mehr und mehr, jedoch häufig mit der Verwendung als „soziales" Geschlecht oder gar in abfälliger Weise, als etwas beigestelltes, nicht tatsächlich existierendes und lediglich gefühltes und hochgradig diffuses. Da ich den Begriff und die cissexistische Vorstellung eines „biologischen" Geschlechts kritisiere, verwende ich lediglich den Begriff des Gender, oder eben einfach Geschlecht. Zumindest im Deutschen benutze ich fast ausschließlich letzteren, um Missverständnisse zu vermeiden. Um die zunehmende Verwendung und Lesart des Begriffes „Gender" im Deutschen wissend, bin ich in der Regel misstrauisch, wenn Personen Dinge wie „mein Gender" oder ähnliches sagen. Auch wenn keine böswillige Absicht besteht, können cissexistische Einstellungen eben vorherrschen. Ich kann lediglich anmerken, dass es keine sonderlich große Freude darstellt, immer und immer wieder das eigene Geschlecht und damit einen wesentlichen Teil meiner Persönlichkeit stetig argumentieren und „verhandeln" zu müssen, weil Leute nicht von geschlechtlichem Biologismus abrücken wollen. Menschen ihr Geschlecht aufgrund von Cissexismus abzusprechen, um damit die eigene gesellschaftliche Position zu stärken, sind Ansichten, für die Menschen lediglich lautstarke Kritik verdient haben.

Diesbezüglich führte ich eine Unterhaltung, während der mich meine Gesprächspartnerin darauf hinwies, dass die Sex/Gender „Debatte" bereits seit Jahrzehnten liefe. Keine Frage, dass dies korrekt ist, jedoch wird die Situation für trans Personen nicht leichter, wenn Leuten nur diese „Argumentationsweise" vermittelt wird. Es ist keine Erleichterung für trans Menschen, wenn derartige biologistische[5] Ansichten Stück für Stück auch außerhalb von Feminismen Einzug halten und diese Auffassungen nun auch dort vertreten werden. Wieso ist dies so problematisch? Aufgrund der Repräsentation von trans Personen in der Gesellschaft. Trans Personen werden hierdurch nur noch mehr unter Druck gesetzt, wenn sich die Ansichten und Einstellungen von

---

[5] Nochmal angemerkt: mit geschlechtlichem Biologismus oder „biologistisch" meine ich einen austauschbaren Begriff zu „Cissexismus". Es beschreibt die Herleitung von Geschlecht aus einem Körper, aus Organen, aus Hormonen. Dies geschieht auch gegen die Selbstbestimmung von Menschen. → Cissexismus, Interfeindlichkeit

cisnormativen Feminismen nun auch in explizit nicht-feministischen Kontexten etablieren. Trans Personen geraten dadurch in Erklärungsnot, „akzeptieren zu müssen, dass doch selbst Feminist*innen sagen, dass geschlechtlicher Biologismus gerechtfertigt sei." Statt diesen nun umfassend und radikal zu kritisieren, wird sich oftmals damit begnügt, stereotype Zuschreibungen abzulehnen und den Schluss von Körpern auf Geschlecht unhinterfragt zu akzeptieren. Deshalb bezeichne ich die Kategorie des „sozialen" Geschlechts auch als das gute Gewissen des Cissexismus. „Gutes Gewissen", weil mit einer Berufung auf dieses Wohlwollen und Respekt gegenüber trans Personen symbolisiert werden sollen. Mit diesem Bezug auf ein „soziales Geschlecht" soll die Aufrechterhaltung der Kategorie des „biologischen Geschlechts" legitimiert werden.

Ich werde hierzu symbolhaft zwei Aussagen wiedergeben, die mir so oder auf ähnliche Weise im Alltag begegnet sind. Im Einzelfall kann es zu folgender Redewendung kommen:

„Selbstverständlich respektiere ich dich als Frau, obwohl du ja eigentlich, biologisch gesehen, ein Mann bist".

Auch sehr beliebt sind vermeintlich reflektierte Statements wie:

„Ich bin höchstens biologisch eine Frau, weil ich die Stereotype ablehne".

Die erste Aussage will, wie erwähnt, Verständnis und Akzeptanz ausdrücken, jedoch scheitert sie gänzlich. Die zweite Aussage bezieht sich zunächst einmal überhaupt nicht auf trans Personen, allerdings schadet sie ihnen weitreichend.

Weshalb sind solche oder ähnliche Aussagen im hohen Maße kritikwürdig? Bei der ersten ist es recht offensichtlich: Der vermeintliche Respekt versucht lediglich, eine Machtposition auszuspielen. Es wird beabsichtigt, trans Personen Anerkennung zuzugestehen und gleichzeitig an cissexistischen Annahmen festzuhalten. Ein solcher Spagat geht grundsätzlich zu Lasten von trans Personen. Was hierbei geschieht ist eine Form der geschlechtlichen Hierarchieverstärkung, in der trans Personen unweigerlich auf eine niedrigere Stufe positioniert werden und zusätzlich noch eine gewisse Dankbarkeit von ihnen erwartet wird. Mit Hilfe solcher Aussagen versuchen Menschen sich in eine Position zu bringen, die reflektiert und offen erscheint. Jedoch geschieht dies nur unter der Voraussetzung, dass trans Personen die von Aussagen erwartete Auffassung von Geschlecht vertreten und die Theorie des „biologischen Geschlechts" nicht kritisieren.

Die zweite Aussage ist ebenso mehrdimensional zu betrachten. Sie mutet zunächst reflektiert an, weil sich auf eine weitere vermeintliche Existenz einer geschlechtlichen Kategorie berufen wird: Zu Beginn wird das eigene Frausein nicht per se akzeptiert, sondern infrage gestellt. Allerdings beschränkt sich diese Infragestellung darauf, dass sich die Person nicht mit geschlechtlichen Stereotypen identifiziere.

Die Einstellung, mich selbst nur dann als Frau zu bezeichnen, sofern ich keinerlei Kritik an bestehenden Stereotypen und Sexismus habe, betrachte ich als äußerst misogyn. Es wird sich wiederum auf die vermeintlich bestehende Biologie des Geschlechts Frau bezogen. Hier geschieht also eine Aufteilung von Geschlecht. Zum einen in etwas, das rein aus Stereotypen besteht und abzulehnen ist. Zum anderen aus einer gedachten biologischen Herleitung, die eindeutig und unumstößlich nachweisbar sei. Somit wird ein diffuser, negativ konnotierter Teil des Frau Seins benannt, von dem sich distanziert wird, und gleichzeitig wird sich auf einen anderen Aspekt, das vermeintlich Biologische, berufen.

Ich unterstelle dieser Aussage keineswegs eine vorsätzliche Transfeindlichkeit. Jedoch hat sie erhebliche Potenziale, die zu Lasten von trans Menschen gehen. Sich selbst gegen die bestehenden Stereotype, aus denen Sexismen entstehen, zur Wehr zu setzen, ist wichtig. Sich jedoch vom Frau Sein zu distanzieren und sich gleichzeitig auf eine gedachte biologische Eindeutigkeit zu berufen, ist nicht nur widersprüchlich, es fügt auch trans Personen erheblichen Schaden zu. Jede Berufung auf eine biologische Nachweisbarkeit schließt Frauen aus und zwingt gleichzeitig Personen, die gar keine Frauen sind, unter dieses Label. Cissexistische Einstellungen und Aussagen verletzen stets doppelt.

Wenn Frauen aufgrund ihres trans Seins ausgeschlossen werden, wird ebenso trans Männern, agender/non binary/neutrois etc. Personen ein geschlechtliches Label übergestülpt, das nicht das ihre ist. Dies gilt selbstverständlich für beide dargestellten Beispiele.

Um auf die erwähnte „jahrzehntelang andauernde Debatte" zurückzukommen, muss ich Widerspruch einlegen. Es fällt mir schwer, von einer „Debatte" zu sprechen, wenn es für einige Personen lediglich darum geht, wie weit oben sie auf der Tribüne sitzen dürfen. Währenddessen geht es für andere Personen darum, ob sie unten ins Haifischbecken müssen. Deshalb sollte der Kern der „Debatte" sein, über die Existenz von Arena/Stadion/Colosseum, you name it, nachzudenken. Wie ich erwähnte, manifestiert die Einteilung in Sex und Gender lediglich geschlechtlichen Biologismus. Auch wenn wir die Möglichkeit haben, über Empfinden und Identitäten zu sprechen, wird hierdurch an hergebrachter geschlechtlicher Zuweisung festgehalten und trans/inter/enby Personen können lediglich auf Wohlwollen und „Toleranz" hoffen.

Abschließend möchte ich diesbezüglich erwähnen, dass cisnormativer Feminismus vor allem cis ist und Biologismus verteidigen wird, solange dieser sich nicht auf Verhaltensweisen/Interessen/Fähigkeiten bezieht. Denn leider zeigt sich immer wieder, dass Verhaltensweisen, und lediglich diese, in Bezug auf geschlechtlichen Biologismus kritisiert werden. Die problematische Vergeschlechtlichung von Körpern, Intimbausätzen, Hormonen und Chromosomen wird zumeist nicht hinterfragt (vgl. Kerner 2007: 5ff.).

Auf ein weiteres Beispiel für den in cis Feminismen verankerten Biologismus stieß ich wenige Wochen vor der Bundestagswahl im September 2017. Über Twitter wurde ich auf #gerwomany aufmerksam, das gezielt deutsche Frauen bezüglich der Bundestagswahl adressierte. Die Selbstzeichnung lautet „#gerwomany Gestalte selbstbestimmt mit – Geh wählen." Initiiert durch die GLAMOUR Deutschland-Chefredakteurin, beteiligten sich verlagsübergreifend Magazine, die sich gezielt an Frauen richten wollen, um auf die Selbstbestimmung von diesen und die Wichtigkeit des Wahlrechts hinzuweisen. Bis dorthin zeigt sich in der Aktion lediglich der nationale Charakter der Aktion, jedoch offenbart sich neben dem Hashtag zusätzlich der biologistische Aufmacher zur Aktion: „XX Frauensache Bundestagswahl 24.09.2017" (vgl. GLAMOUR 2017).

Die Idee, die Kreuze der beiden Stimmen auf dem Stimmzettel direkt mit dem als weiblich bezeichneten Chromosomensatz XX zu verknüpfen, zeigt die biologistische Sichtweise und die Art und Weise der Abgrenzungsbestrebungen. Durch den Verweis auf XX soll ein „wir"-Gefühl erzeugt werden. Ein „wir Frauen"-Gefühl, schön und gut, jedoch geht dieses „wir"-Gefühl völlig auf Kosten von ohnehin marginalisierten Personen. Durch den Bezug auf einen einzelnen Chromosomensatz, aus dem das Geschlecht Frau hergeleitet wird, folgt unweigerlich ein Ausschluss von Frauen und ebenso ein zwangsweiser Einschluss von Personen, die keine Frauen sind. Auch wenn bekannt ist, dass die verschiedensten Variationen von Chromosomenkombinationen existieren, wird sich hierbei ganz selbstverständlich auf den als unumstößlich für das Frau Sein anerkannten gestützt. Frauen, die inter und/oder trans sind, werden nicht mit einbezogen und anderen Personen wird aufgrund ihres vermuteten Chromosomensatzes ein bestimmtes Geschlecht aufgezwungen. Ich bleibe bei der Position, dass diese Aktion kein vorsätzlich trans/interfeindlicher Feminismus, sondern „lediglich" eine gewöhnliche Erscheinung von cis Feminismen ist. Auch wenn sich hierbei bewusst auf ein vermeintlich verbindendes Element bezogen wird, stufe ich dies als übliche ignorante Position ein. Ob die Aktion aus einem wissentlich trans/interfeindlich agierenden Feminismus entspringt, würde der Umgang mit Kritik zeigen. Ein Abweichen von der Aussage und dem Aufmacher würde sich aller Wahrscheinlichkeit nach dennoch nicht ergeben. Frühere, wiederkehrende Aktionen wie beispielsweise „#Bartgeld" zeigten ähnliche Verhaltensweisen. Hierin sollte, zu Recht, auf die Gender Pay Gap aufmerksam gemacht werden. Allerdings bezog sich dieses Projekt von Beginn an auf eine ebenso vermeintlich geschlechtlich eindeutige Eigenschaft, den Bartwuchs. Mit Kostümbärten wollten die Initiator*innen des Hashtags darauf aufmerksam machen, dass sie nun, durch das Tragen eines Bartes, zum Erhalt des gleichen Gehalts wie Männer berechtigt seien. Dass dies eine massive Verletzung für Frauen bedeuten kann, blieb hierbei außer Acht. Dass beispielsweise trans Frauen aufgrund ihres potenziell stark ausgeprägten Wuchses der Gesichtsbehaarung keineswegs Privilegien, sondern eben Diskriminierungen, Anfeindungen und Gewalt erleben, wurde hierbei ignoriert.

Nicht auf deren Terrain ziehen lassen

Es ist mir ebenso wichtig, ein weiteres Beispiel aus einer anderen Perspektive zu erwähnen. Es kommt des Öfteren vor, dass Kritik an Transfeindlichkeiten mit bestimmten Fragen bezüglich medizinischer Eingriffe bei cis Frauen begegnet wird. Beispielsweise wird gerne gefragt, ob eine cis Frau nach einer Hysterektomie, also einer operativen Entfernung der Gebärmutter/des Uterus, denn für transfeindlichen Feminismus noch als Frau gelte. Die zunächst guten Absichten dieser Frage verlaufen sich meist schnell wieder, weil vorsätzlich transfeindliche Feminist*innen dies eben selbstverständlich bejahen und sich hierbei wiederum auf die Biologie berufen. Die cis Frauen, die, aus welchen Gründen auch immer, diese Eingriffe durchführen ließen/lassen mussten, gelten selbstverständlich, nach wie vor und zu Recht, als Frauen. Entgegen einer transfeindlichen Logik gelten sie für mich jedoch als Frauen, weil sie Frauen sind, und nicht, weil sie bestimmte Organe besaßen oder noch besitzen. Solche Beispiele gibt es nicht nur für Operationen. Auch wenn es speziell um die Körper von trans Frauen geht, werden solche Vergleiche herangezogen. Transmisogyne Aussagen über Körpergrößen, die Größen von Körperteilen wie den Händen oder auch die Breite von Schultern werden nicht ausgelassen. Das Problem ist hierbei für mich, dass nicht versucht wird, trans Weiblichkeiten selbststehend zu verteidigen, sondern versucht wird, auf dem Boden der Biologie zu gewinnen und hierzu cis Frauen herangezogen werden. Es wird quasi eine Aussage erhofft und eingefordert, wonach nun ebenso cis Frauen ausgeschlossen werden müssten. Anstatt den Biologismus zu kritisieren, wird sich auf sein Terrain begeben.

Ein argumentativer Sieg und Solidarität mit trans Personen sind dort aber nicht zu holen, sondern können nur in der Ablehnung von biologistischen Argumentationen erfolgen. Zusätzlich verdeutlicht dies nur das große Problem, wonach transfeindlicher Feminismus erst als tatsächliches Problem betrachtet wird, wenn „selbst cis Frauen" plötzlich davon betroffen sind. Trans Frauen werden immer als „Männer" betrachtet und daraus folgt, dass auch unsere Körper immer so bewertet werden. Völlig egal, wie die Körper von cis Frauen aussehen und wie individuell diese sind. Unsere Körper sind auch völlig verschieden, nicht, weil wir „aber eigentlich xy" sind, sondern, weil Frauen Individuen sind. Krasser Hochschulscheiß, ich weiß.

Meine geschlechtliche Akzeptanz als Frau darf nicht in Abhängigkeit zu der von cis Frauen stehen.

„Trans Personen können nicht transfeindlich sein." – Mediale Darstellung von trans Personen

Wie sich leider für trans Personen beim Äußern von Kritik, auch an cis Frauen, immer wieder zeigt, werden die Betroffenen einer Diskriminierung so betrachtet, als könnten sie selbst nicht diskriminieren. Das gilt zum einen für die Annahme, die Personen könnten keine anderen Diskriminierungsformen bedienen, wie zum Beispiel als *weiße* Frau Rassismus. Zum anderen wird Diskriminierung mitunter so begriffen, dass zum Beispiel eine trans Frau, da sie bereits unter Transmisogynie leidet, selbst nicht cissexistisch und transfeindlich oder anderweitig diskriminierend handeln könne. Allerdings zeigt sich in verschiedensten Situationen, dass diese Annahme grundsätzlich nicht korrekt sein kann, zumal trans Personen demnach abgesprochen wird, selbst transfeindlich denken und handeln zu können. Durch diesen Umstand können beispielsweise binärgeschlechtliche trans Personen in Schutz genommen werden, solange sie die bestehenden cissexistischen Ansichten über Geschlechter und Körper teilen. Ihnen kann mitunter ein gewisser Raum zugestanden werden, in dem sie auf die eigenen strukturellen Probleme für trans Personen aufmerksam machen dürfen, solange sie gewisse Schlüsselwörter verwenden. Dies können wiederkehrende Begriffe und Redewendungen wie „geboren als Junge/Mädchen", „Die Reise von (vergeschlechtlicher Name) zu (vergeschlechtlicher Name)" sein. Oder beispielsweise auch die feste Überzeugung nach außen zu tragen, sich bereits im Kindesalter über das eigene trans Sein bewusst gewesen zu sein. Dies soll keine Attacke auf trans Personen werden, auf die diese Beispiele tatsächlich zutreffen und die dadurch versuchen, Bewusstsein für Transfeindlichkeit zu schaffen. Es soll die Strukturen darstellen, und welche Bedingungen sie trans Personen auferlegen, um repräsentiert zu werden und kurzzeitig eine winzige Plattform zu erhalten. Wie zuvor erwähnt, werden trans Personen nicht mit einem allumfassenden Wissen geboren und sie besitzen ebenso nicht alle dieselben Ressourcen, um etwa intensive und permanente Recherche betreiben zu können. Jedoch möchte ich hiermit auch an andere trans Personen appellieren, dass sie und ihr eigenes geschlechtliches Empfinden nicht der Maßstab für alle anderen trans Personen sind. Dies gilt ebenso für mich und mein Empfinden, deshalb reflektiere ich meine Positionen ständig, befinde mich in Kontakt mit vielen anderen wundervollen trans Menschen und baue dadurch Schritt für Schritt diskriminierende Einstellungen – auch bei mir selbst – ab.

Zurück zur „Inschutznahme". Viele mediale Versuche, tatsächlich eine gewisse Repräsentation zu ermöglichen, zeigen dieselben Muster. Beispielsweise erfolgen in Zeitungsinterviews oder Dokumentationen Darstellungen von verschiedenen Situationen, die jedoch oftmals aus cisnormativer Perspektive möglichst nachvollziehbar erscheinen sollen. Die Dokumentation „Transgender – Mein Weg in den richtigen Körper" zeigte z.B. mehrere Lebensläufe von trans Personen. Hierbei handelt es sich um Fragen und Darstellungen, die in der Regel sehr schnell auf eine höchst intime Ebene abzielen. Hier ein wenig Humor für „mit drei Jahren trug sie als Mädchen Hosen und spielte mit Autos" und dort ein wenig Schock über „den Jungen", „der" sich selbst schwerste körperliche Verletzungen aufgrund geschlechtlicher Dysphorie zufügen wollte – und eine höchst dramatische, mit der „Verwirrung der Geschlechter" spielende Geschichte ist niedergeschrieben. Das soll, wie bereits zuvor erwähnt, keine Behauptung darüber werden, dass solche Erzählungen frei erfunden seien. Ganz im Gegenteil, jedoch erschwert ein medialer und medizinischer Fokus auf eben solche Situationen für andere trans Personen teilweise die Glaubwürdigkeit. Darüber hinaus muss bedacht werden, dass diese Repräsentation meist nur gewährt wird, wenn geschlechtliche Stereotype und binärgeschlechtlicher Biologismus bedient werden können. Was das bedeutet?

Aufmacher wie „geboren wurde sie als (‚Männernamen' einfügen)" sollen zunächst einmal klarstellen, „wo die Reise hingeht". Für die vermeintlich völlig unwissenden Leser*innen, Hörer*innen, Zuschauer*innen soll hiermit zugänglich gemacht werden,: „hier handelt es sich selbstverständlich um einen Mann, der sich als Frau fühlt."

Die Ordnung muss gewiss gewahrt bleiben (erhobenen Zeigefinger bitte hier einfügen). Der nächste Schritt, „Wann hast du/haben Sie bemerkt, dass …" ist sehr wichtig, denn er soll den „Bruch" im Leben der trans Person darstellen. Es folgen Fragen bezüglich der bevorzugten Spielzeuge und Kleidung als Kind, die erwähnten „geschlechtlichen Verwirrungen", die bei trans Personen gerne wieder bedient werden, obgleich sie an anderer Stelle vielleicht bereits offen kritisiert wurden. Werden sie doch zu gerne als eine Art „Frühwarnsystem" herangezogen. Dies bedient zum einen geschlechtliche Stereotype, die trans Personen schaden, und deren Nichterfüllung führt mitunter dazu, dass ihnen Unterstützung entzogen wird. Zum anderen verfestigt diese Sichtweise wiederum Sexismus und manch eine Person aus dem Publikum wird sich vielleicht zukünftig die Frage stellen, ob bei den Kindern in ihrem Umfeld „Anzeichen fürs trans Sein" erkennbar sind. Das Abklopfen und Aufwärmen von Stereotypen ist jedoch nicht auf Kindheit und Pubertät beschränkt. Gerade in Bezug auf Outing und geschlechtliche Transition werden Aussagen von zum Beispiel trans Frauen, „nun viel emotionaler zu sein", wohlwollend aufgenommen und gelten als eine Art Beweis, dass sie tatsächlich Frauen sind. Dazu hätte lediglich die selbstüberzeugte Aussage der Frau genügt. Wie auch immer solche Interviews verlaufen, mein primärer Vorwurf geht hierbei an Redaktionen und Journalist*innen und nicht an trans Personen. Meine Kritik zielt darauf ab, die bestehende zweigeschlechtliche Norm aufzuzeigen.. Einer solchen Dimension der Thematik wird höchstens nischenhaft Aufmerksamkeit eingeräumt. Der Kreislauf, der hieraus entsteht, ist die Normierung der Lebensläufe von trans Personen. Trans Personen kommen selten öffentlich dazu, übergeordnete Strukturen in Frage zu stellen, weil ihnen dafür selten Plattformen geboten werden. Dies führt letztendlich wiederum dazu, dass die Mehrheit der Menschen tatsächlich und real „nicht über das Thema Bescheid weiß". Weil trans Personen eben meist unter der Bedingung Räume zur Aufklärung bereitgestellt werden, dass enge geschlechtliche Normen eingehalten werden.

Das Resultat hieraus ist: Transgeschlechtlichkeit wird oftmals als Phänomen begriffen, von dem wenige Personen „betroffen" sind. Cissexismus und offene Transfeindlichkeit werden als Randerscheinung eingestuft, die lediglich von „einzelnen ungebildeten/erzkonservativen/beliebige Kategorie einfügen, um sich selbst von Verantwortung freizusprechen" Personen ausgehen. Trans Menschen gelten als Personen, die zugehörig zu einem festen Geschlecht von zweien sind, die irgendwann in ihrem Leben, in der Regel im Kleinkindalter – so erwartet, merken, dass sie trans sind. Eine Selbstreflexion über die bestehenden geschlechtlichen Normen, wie Geschlecht konstruiert wird und was Geschlecht überhaupt ist, entfällt vorwiegend. Die allumfassende Norm, Menschen in exakt zwei Geschlechter einzuteilen, bleibt unangetastet. Das eigene cis Geschlecht bleibt unmarkiert und wird als selbstverständlich, als natürlich wahrgenommen. Was und vor allem wer davon abweicht, hat zwar mit nötigem Respekt behandelt zu werden, jedoch lediglich, solange sich deren Argumentation und ihr Selbstempfinden auf dem Fundament der Zweigeschlechtlichkeit und der biologistischen Herleitung von Geschlecht bewegen.

Abschließend dazu möchte ich klarstellen, dass ich auch trans Personen, *weißen* trans Personen, keinesfalls eine Position von „absoluter Diskriminiertheit" zugestehe. Transfeindlichkeit und Cissexismus greifen tief in die persönliche Autonomie ein, jedoch müssen wir verstehen, dass uns durch unser *weiß* Sein zum einen vielerlei Diskriminierungen erspart bleiben und wir zum anderen beispielsweise rassistische Vorstellungen haben und reproduzieren.

„Beischlafpflicht mit trans Personen"

Häufig verfolge ich Twitterdiskussionen, die immer gleich verlaufen und stets gleich enden: „Du willst mir wohl vorschreiben, mit wem ich Sex haben muss!" Lautstarke Appelle an feministische Basics bezüglich der Selbstbestimmung und Verweise auf bestehende rape culture, die damit bedient würden, sind die Folge. Was geschieht hier?

Begonnen hat alles meist mit dem Anmerken von trans Personen, dass sie selbstverständlich bei verschiedensten Labels von Sexualitäten und vorrangig ihrem Geschlecht, miteinbezogen/mitgedacht werden wollen. Meist folgen weit umschriebene Erklärungen, weshalb eine Person sich nicht vorstellen kann, trans Personen attraktiv zu finden. Einwände kommen, dass das Geschlecht von trans Personen selbstverständlich zu respektieren ist und hierbei keine Trennlinie um uns herum gezogen werden soll. Es kommt zur eingangs erwähnten Eskalation. Darin wird trans Personen mitunter vorgeworfen, selbst rape culture zu bedienen, weil ihre Kritik am Ausschluss als eine „Missachtung persönlicher Präferenzen", so oft der Wortlaut, verunglimpft wird. Trans Personen soll hiermit die Grundlage ihrer Argumentation entzogen werden, da sie selbst so den Status als Opfer von Gewalt nur noch schwer vorbringen können. Ihnen wird zum einen eine übermächtige Position unterstellt, nach der sie Sex „einfordern" würden, und zum anderen wird ihnen ihre geschlechtliche Zugehörigkeit entzogen.

Denn entweder haben sie ihr Geschlecht und sie werden miteinbezogen oder ihnen wird dieser Status aberkannt, weil sie zwangsweise als ein Neutrum dargestellt werden, das außen vor zu bleiben habe. Für trans Personen wird hierdurch ein negativer Sonderstatus etabliert, in dem sie als eine Art trans Gegenstand betrachtet werden. Es zeigen sich wiederum Biologismus und Binarität darin vereint, dass zum einen trennscharf in exakt zwei korrekte Formen von Intimorganen unterteilt und zum anderen festgelegt wird, wie diese zu benennen sind und in exakt welcher Form damit Sexualität zu praktizieren sei.

Als weiteres Mittel, um Kritik von trans Personen zu unterlaufen, wird ihnen vorgeworfen, sie würden Leute vorsätzlich als transfeindlich bezeichnen. Dabei wird die Rechtfertigung stets auf einen speziellen Einzelfall heruntergebrochen, bei dem detailliert beschrieben wird, weshalb bestimmte Formen von Intimorganen für eine Person als unattraktiv gelten. Das bedeutet, während trans Personen die zugrundeliegende Struktur der Transfeindlichkeit darlegen und kritisieren, versuchen dya cis Personen ihren Ausschluss mit dem exakten Beschreiben von anatomischen Zuständen zu rechtfertigen. Es wird versucht, über die Intimorgane anderer Personen zu bestimmen und hierdurch den Ausschluss für Außenstehende über Ekel und Abneigung nachvollziehbarer, verständlicher zu machen. Trans Menschen wird hierdurch, während sie ein weitreichendes Problem aufzeigen, unterstellt, dass sie eine Person dazu zwingen wollen, mit einer exakt bestimmten trans Person Sex zu haben. Die reale Absicht könnte kaum weiter entfernt sein. Es geht um die Selbstbestimmung und das Respektieren unserer Geschlechter. Es geht hierbei niemals darum zu sagen, dass beispielsweise eine cis Lesbe jede, exakt jede, Frau anziehend, ob romantisch und/oder sexuell, finden musst. Uns eine solche Argumentation zu unterstellen, hat nichts Geringeres als den Ausschluss von trans Personen als Ziel. Es geht hierbei darum, dass wir von vornherein als potenzielle Partner*innen ausgeschlossen werden, weil – Trommelwirbel – wir trans sind. Es ist gerade nicht transfeindlich, bestimmte Personen nicht oder weniger attraktiv zu finden. Diese Grenze exakt um trans Personen herumzuziehen jedoch schon. Wiederum zeigt sich in diesem Beispiel, dass Transfeindlichkeit eine weitergehende Form der bestehenden Heteronormativität ist. Es zeigt sich, dass die gängigen Argumentationen, wonach „alle Homosexuellen" stets Sex mit hetero Personen suchen und gar einfordern würden, gezielt gegen trans Personen verwendet werden. Nur sprechen in diesem Fall nun ebenso nicht-hetero cis Personen derartige Anschuldigungen aus. Vielleicht sogar unter anderem die Personen, die derartige Beschuldigungen zuvor gegen sich selbst gerichtet sahen und die diese Form von Homofeindlichkeit vielleicht selbst bereits erfuhren.

Das Interessante daran ist die Verlagerung des Ausschlusses und die gedankliche Umkehr einzelner Personen. Obwohl beispielsweise die Vorstellung über bestimmte soziale Fähigkeiten anhand von Organen durch cis Frauen zu Recht scharf kritisiert wird, zeigt sich leider mitunter, dass dieselben argumentativen Muster verwendet werden, um nun den Ausschluss von trans Personen zu ermöglichen und zu rechtfertigen. Wo eben noch das Gleichsetzen von Körpern und Geschlechtern abgelehnt wurde, wird sich dieses als Mittel gegen trans Personen zu eigen gemacht. Hier zeigt sich die Parallele zum Ausschluss von trans Personen als Partner*innen in verschiedensten Beziehungen.

Kurz: Es besteht keinerlei „Beischlafpflicht" mit trans Personen. Keine Person sagt: „Hab gefälligst Sex mit exakt dieser trans Frau dort hinten, sonst …". Diese jedoch per trans Sein auszuschließen ist, ihr könnt es euch sicherlich bereits denken, transfeindlich.

Abschließend möchte ich klarstellen, dass ich nicht als zwangsweise entgeschlechtlichter Gegenstand betrachtet werden will. Ebenso wenig als der Kink oder Fetisch einzelner Personen, die *besondere sexuelle Vorlieben* haben. Meine besondere Vorliebe ist es, als Frau respektiert zu werden.

Sexuelles und romantisches Begehren

Ich habe es im Verlauf der geschlechtlichen Transition erlebt und werde es wohl zukünftig auch immer wieder erleben, dass mir Menschen mein Begehren absprechen. Dass über Transgeschlechtlichkeit oftmals leider wenige Kenntnisse vorliegen, hält Personen, in der Regel cisgeschlechtliche Menschen, jedoch nur selten davon ab, falsche Aussagen zu machen. Im späteren Verlauf gehe ich auf die Rechtslage ein und dort, wie auch in allen anderen erwähnten Bereichen, zeigt sich, dass durch eine geschlechtliche Transition erwartet wird, Heterosexualität herzustellen. Die tatsächliche Begehrensform einer Person spielt hierbei eine untergeordnete Rolle. Welches Label, welche Identität diese hat oder ob ein bestimmtes Verlangen überhaupt nicht vorhanden ist, spielt leider zu häufig keine Rolle, da viele cis Personen sie oft ohnehin nicht akzeptieren. Da ich aus meiner Perspektive spreche, kann ich nur wiederholt darauf verweisen, wie sich Misogynie und zwangsweise zugewiesene Heterosexualität auf mich auswirken. Eine heterosexuelle trans Frau wird nicht als hetero akzeptiert und gleichzeitig unsichtbar gemacht, weil hetero und queer als sich gegenseitig ausschließend betrachtet werden. Eine lesbische trans Frau wird nicht akzeptiert, weil sie als „heterosexueller Mann" bezeichnet wird. Mitunter kann dies von außenstehenden Personen jedoch in gewisser Weise wiederum erwartet werden. Sie sehen und respektieren zwar dein Frau Sein, leiten deine Sexualität jedoch immer wieder daraus ab, dass du ja im Prinzip ein Mann seist und „Männer ja nun einmal lediglich Frauen attraktiv finden." Ja, an dieser Stelle landen wir bei handelsüblicher Heteronormativität. Interessanterweise habe ich noch niemals trans Personen ernsthaft und überzeugt etwas sagen hören wie: „Ein cis schwules Paar? Also meinst du eigentlich zwei trans Lesben?!"

Ich komme nun zu meinem persönlichen Erleben zurück. Besonders eine lesbische Identität ist ein unfassbar umkämpftes Label, besonders in feministischen Kontexten. Absprechen von Sexualität, erzwungene Heterosexualität, „corrective" rape (eine patriarchale Praktik, um durch sexualisierte Gewalt zum Beispiel lesbische cis Frauen zu bestrafen und sie dadurch „zu korrigieren", heterosexuell „machen" zu wollen) sind bestehende Diskriminierungs- und Gewaltmechanismen. Transmisogynie und Transfeindlichkeit zeigen sich darin, dass trans Personen oftmals nicht geglaubt wird, entsprechende Dinge selbst zu erfahren. Der Ausgangspunkt hierfür ist natürlich wiederum Cissexismus, der uns zusätzlich zuweist, welches Geschlecht wir „eigentlich" hätten.

Witzigerweise hatte ich vor etwa 15 Jahren sehr konkrete Vorstellungen davon, wie es sein könnte, als Frau mit einer Frau zusammen zu sein. Diese waren viel konkreter als mein Bewusstsein darüber, trans zu sein. Allerdings verflogen diese Gedanken und Vorstellungen darüber immer schnell, weil: „Na ja, das geht ja nicht." Heute weiß ich: „Das geht sehr wohl." Nach vielen Jahren der geschlechtlichen Selbstfindung war mein Frau Sein gedanklich so safe und unumstößlich bei mir angekommen, dass mein Begehren mir plötzlich viel bewusster wurde. Plötzlich fühlte ich mich wie die 17-jährige Lesbe, die unfassbar in ihre beste Freundin verschossen ist und es kaum glauben kann, wirklich mit ihr zusammen zu sein. Eben genau das Gefühl, das mir 15 Jahre zuvor verwehrt blieb. Es ist so schön und befreiend, dass es jetzt da ist. Gleichzeitig erlebte ich, seitdem ich offener darüber spreche, vielerlei Beleidigungen und Beschimpfungen. Beispielsweise, dass ich mir „als Mann aneigne", lesbisch zu sein, oder auch ja gar nicht wirklich trans zu sein, wenn ich „weiterhin nur mit Frauen zusammen sei". Allesamt weiter oben beschriebene Maßnahmen von Zwangsheterosexualität in Kombination mit Cissexismus und in meinem Fall Transmisogynie. Mitunter vielleicht sogar von cis Personen, die selbst erlebten und erleben, dass ihnen ihr Begehren abgesprochen wird.

Um es an dieser Stelle kurz zu machen und mit einem Meme von Twitter zu erklären:

Trans woman culture is: als trans Frau lesbisch zu sein, um transfeindliche Leute richtig hart zu nerven und eben einfach, weil du eine Lesbe bist.

Und um den Abschluss zu finden: Ich bin eine Frau, ich bin transgeschlechtlich, ich bin lesbisch. Deal with it.

„Persönliche Erlebnisse online/offline"

Öffentliche Toilette

Ich gehe davon aus, dass wohl die meisten trans Personen die schlimmsten Geschichten über den Besuch öffentlicher Toiletten erzählen können. Meine spielte sich gut ein Jahr nach dem Outing vor einem sehr engen Personenkreis ab.

Es muss 2015 gewesen sein und ich hatte vor wenigen Monaten begonnen, meine geschlechtliche Transition auch nach außen zu tragen und in der Öffentlichkeit als die Frau aufzutreten, die ich bin. Ich war damals mit meiner Frau mittags etwas essen und musste während unseres Restaurantaufenthalts zur Toilette. Das war nicht das erste Mal, dass ich öffentlich die Damentoilette besuchte, jedoch war es die wohl bisher prägendste Begebenheit. Ein sehr langer prüfender Rundumblick in die Selfiekamera, um meinen Make-up-Status zu begutachten. Strumpfhose, Rock, Oberteil und Make-up saßen – und los gings. Ich ging hinein, es war ein sehr winziger, fensterloser Raum mit nur zwei Kabinen, das Waschbecken direkt links am Eingang. Ich betrat die hintere Kabine. Währenddessen hörte ich in kurzer Folge, dass sich die Tür zweimal öffnete. Ich verließ die Kabine und stand vor zwei kleinen Kindern und einer älteren Frau. Mein Blick und mein Selbstbewusstsein suchten schnell ihr Glück auf dem wahrlich nicht mehr taufrischen Kachelboden. Ich schob mich sachte an ihnen vorbei zum Waschbecken hin. Plötzlich ging die Tür schon wieder auf, eine Person, die ich nicht sehen konnte, stand direkt hinter mir und mit dem schwindenden Platz im Raum wurde auch für mich die Luft spürbar dünner. Es schien plötzlich totenstill im Raum geworden zu sein und lediglich das Rauschen des Wasserhahns war zu vernehmen.

„Ihnen ist schon klar, dass Sie hier …" – weiter brauchte die Ältere nicht zu sprechen und ich wusste sofort, wem hier was klar zu sein hatte.

„Ja, ist mir klar" entfuhr es mir monoton. Durch die große Nervosität mit deutlich tieferer Stimme, als ich es mir wünschte, während ich mir mit fast erstarrten Gliedern die Hände wusch.

„Dann machen Sie das also mit Vorsatz, hier auf der ..." wurde ihr Ton rauer, allerdings war ich zu angewurzelt, und tatsächlich kam ich nicht einmal auf den Gedanken, einfach schnellstmöglich den Raum zu verlassen.

„Ja, das hat alles seine Richtigkeit", gab ich Auskunft, bevor sie ihren Satz beenden konnte. Das war die einzige Aussage, zu der ich in dem Moment im Stande war, und sie kam mit geradezu mechanischer Selbstverständlichkeit aus mir heraus. Kein eigentlich, kein aber, denn dies hier war, wenn es für viele Außenstehende auch nicht den Anschein hatte, die für mich korrekte Toilette.

„Ja, das hat alles seine Richtigkeit" gab ich wie amtlich geprüft und korrekt von mir.

„Das glaube ich allerdings auch!", dröhnte es plötzlich hinter mir durch den engen, gekachelten Raum, als die Person, die bis dato kommentarlos hinter mir Stand, plötzlich zu meiner Unterstützung eilte. Ich bekam weiche Knie, trocknete mir die Hände und wand mich, mich selbst möglichst klein machend, an den vielen Personen vorbei durch die nur halb zu öffnende Tür. Ich steckte meinen Kopf ein letztes Mal zur Tür herein, um meiner unfassbar coolen Helferin ein winzigkleines „Dankeschööön!" zuzuflüstern und zu lächeln. Wieder bei meiner Frau am Tisch angekommen, atmete ich schwer aus und ließ mich erschöpft auf die Bank sinken. „Alles okay?!", fragte sie bestürzt. Um ihre Aufmerksamkeit und Besorgnis wissend, seufzte ich langgezogen, gab ein kurzes, augenrollendes „Ja" von mir und versuchte, das eben Erlebte wiederzugeben.

Zwangsouting im Seminar

Anfang 2015 belegte ich in der Uni ein Seminar in der Vergleichenden Kultur- und Religionswissenschaft, das mich thematisch sehr interessierte. Allerdings war die Thematik, mein Platz und meine Wahrnehmung im Seminar für mich und mein trans Sein recht heikel. Es war ein Seminar zum Berufsbild der Hebamme im Verlauf der vergangenen 150 Jahre. Ich habe mir im Vorhinein klargemacht, dass dies zu verschiedenen Konflikten führen würde. Das Auftreten im Seminar, die mengenmäßige Repräsentation von Personen, die als männlich einsortiert werden und das Thema selbst. Um die Wichtigkeit dieses Schwerpunkts wissend, wollte ich den unvermeidbar auftretenden Biologismus dennoch in Kauf nehmen. Wie es die „Bestimmung" verlangte, war ich die wohl einzige amab Person, die obendrein auch noch trans war und zu diesem Zeitpunkt als Mann betrachtet wurde.

Nach der Anwesenheitskontrolle (ja, echt) wandte sich die Professorin mir zu und wurde spürbar fröhlicher: „So toll, dass Sie als Mann hier an diesem Seminar, zu einem solchen Thema teilnehmen!" Keine 5 Minuten im Raum und falls ich bis dato noch nicht bemerkt wurde, war nun der Scheinwerfer auf mich gerichtet. Auf mich und meine gelben Fingernägel, meine langsam erst länger werdenden Haare und meinen überschminkten Gesichtshaarschatten.

Mir blieben nur zwei Optionen. Eins: Errötend lächeln, oder zwei:

„Ich äh, ich bin kein Mann. Ja, ich weiß, ... das ist jetzt kompliziert, aber ... so ist es", presste ich hervor.

Okay, Möglichkeit Nummer zwei sollte es dann wohl sein.

Trommelwirbel, Kopf senken, ausatmen. Das war ein Zwangsouting vor zwanzig Personen und die Seminarsitzung ging noch knappe neunzig Minuten. Danach verlief es jedoch ruhig und in den folgenden Sitzungen wurde ich auch nicht mehr als Mann bezeichnet. Im Gegenteil, auch wenn auf der Teilnehmer*innenliste noch mein damaliger Passname stand, wurde mir respektvoll begegnet.

Was dennoch bleibt, ist der Schock, einzig und allein aufgrund des wahrgenommenen und fälschlich zugewiesenen Mann Seins, Vorschusslorbeeren zu erhalten und den roten Teppich ausgerollt zu bekommen. Einfach, weil ich, als vermeintlicher Mann, ein Seminar besuche, das thematisch sonst weitestgehend von dya cis Männern gemieden wurde. Was diese Situation so speziell machte war, dass ich nun quasi live miterlebte, wie ich als trans Frau ganz selbstverständlich falsch einsortiert wurde und gleichzeitig noch fälschlicherweise dafür gefeiert wurde, mich auf ein solch wichtiges Thema quasi „herabzulassen".

Das war auf vielen Ebenen schmerzhaft, jedoch blieb ich im Seminar und es war eine Bereicherung für mein Wissen und es war eine umfassende Sensibilisierung für die Thematik.

An der Bushaltestelle

Mein letztes High- oder eher Lowlight ereignete sich auf dem Weg zu einem Vortrag. Ich saß an der Bushaltestelle und wartete. Ich war alleine. Plötzlich kam ein unbekannter Mann überschwänglich fröhlich grüßend auf mich zu und setzte sich direkt neben mich. Ich entgegnete nur ein „Hi?" Pause. Aber ich spürte eine Spannung in der Luft wie ich sie schon häufiger wahrgenommen hatte.

Er: „Sachma, biste 'ne Frau?"

Ich: Schicke ihm einen „wtf?"-Blick und ein „Ich will nicht mit dir reden, bitte sprich mich nicht weiter an."

Er wieder: „Weil deine Stimme, die klingt so ein wenig, also an der solltest du auf jeden Fall arbeiten, aber ansonsten biste ja ganz gut zurecht gemacht so als Frau." Er grinste mich breit an.

Ich verdeutlichte noch einmal, nicht mit ihm sprechen zu wollen.

Er war etwas überrumpelt und irritiert, weil er mir „doch einfach nur ein paar gute Tipps" geben wolle.

Mein Bus kam, ich stieg ein, ich stieg am Bahnhof aus und ging versteinert zum Gleis. Erst als ich am Bahnhof in den Zug stieg, realisierte ich langsam, was da gerade eben passiert war.

Ich weiß, dass dieses Ereignis vorschnell „nur" unter Transfeindlichkeit benannt werden würde. Doch hier zeigte sich leider beispielhaft, wie Transmisogynie wirkt. Auch wenn es nur wenige Minuten dauerte, habe ich mich absolut verletzlich und unsicher gefühlt. Alles an der Situation ließ mich mich selbst anspannen und zum Absprung bereithalten. Dieser völlig fremde Mann bildete sich ein, ein Anrecht darauf zu haben, einer fremden Frau „erklären" zu dürfen, was sie wie mit ihrer Stimme zu machen hätte. Ich mutmaße, damit ER sich mit ihrer, meiner, Anwesenheit wohlfühlt.

Transmisogynie ist Misogynie. Das sollt ihr realisieren.

Wie alles begann – Eine Twittergeschichte. Mit transfeindlichem Feminismus.

> „Kümmere dich mal lieber um Männer, die trans Menschen Gewalt antun, statt hier offen Frauen zu kritisieren, du ‚Feminist'!"

Ein paar knappe Worte, die mir jedoch augenblicklich einen kalten Schauer den Rücken hinunter jagen. Was war geschehen? Ich postete auf Twitter einen Link zu einem kurzen Artikel einer trans Frau, die sich mit ausdrücklich transfeindlichen Strömungen im Feminismus auseinandersetzte. Daraufhin entgegnete mir eine Person auf Twitter die erwähnten Worte. Eine Person, von der ich zuvor keinerlei transfeindliche Haltung wahrgenommen hatte. Auch nicht, obwohl ich mich bereits einige Monate zuvor als trans Frau geoutet hatte und eigentlich langsam begann, über alltäglichen Cisseximus, Transfeindlichkeit und insbesondere Transmisogynie zu schreiben. Die Tatsache, dass ich hierbei ausdrücklich Feminist*innen wegen ihrer feindlichen Haltung kritisierte, schien im besonderen Maß als Angriff wahrgenommen zu werden. Das kurze gezeigte Zitat ist vielschichtiger als es vielleicht zunächst vermuten lässt. Deshalb ist es mir sehr wichtig, es in seine Bestandteile zu zerlegen.

„Kümmere dich mal lieber um Männer, die ... "

Allein dieser Abschnitt ist bereits bemerkenswert, weil versucht wird, das Problem und die Kritik von sich selbst abzulenken. Es wird versucht, eine alleinstehende Ursache auszumachen und eine gesellschaftliche Reichweite und Verantwortung von sich zu weisen. Es wird versucht, sich vom aktiven Part an Diskriminierung freizusprechen und nicht mitverantwortlich dafür zu sein. Selbst wenn eine teilweise Verantwortlichkeit eingeräumt werden würde, wird so stets betont, dass Handlungen anderer Personen schlimmer und kritikwürdiger seien. Eine Praktik, die ich bis dato lediglich aus antifeministischen Kreisen kannte. Hierbei wird häufig auf die Gleichberechtigung™ in zum Beispiel Europa verwiesen, und Feminismus als überflüssig und unnötig geworden dargestellt. Gleichzeitig wird auf verschiedene Weltregionen verwiesen, um die sich Feminist*innen „mal kümmern sollten", weil „es dort viel schlimmer ist als hier". Ich finde es übrigens gut, dass mir als Frau alleine die Verantwortung für die Zerschlagung von Transfeindlichkeit übertragen wird. In stillen Stunden zähle ich gerne die Ebenen der Ironie.

Der Vergleich soll die Parallelen in der Praktik aufzeigen, wenn Kritik von sich selbst abgewiesen und auf andere Personengruppen oder gar ganze Weltregionen gelenkt wird. Ich werde im späteren Verlauf noch andere Praktiken aufzeigen, auf die sich sonst häufig eher antifeministische Personen berufen.

„... die trans Menschen Gewalt antun, statt hier offen Frauen zu kritisieren, du ‚Feminist'!"

Um diskriminierende Praktiken aufzuzeigen, müssen diese korrekt adressiert werden. Wenn andere Feminist*innen nicht lediglich trans feminine Personen ignorieren, sondern gezielte Ausschlüsse betreiben, muss eine Auseinandersetzung mit diesen stattfinden. Wenn diese Vorgänge Frauen aufgrund ihres trans Seins aus Feminismen ausschließen, müssen diese diskriminierenden Praktiken aufgezeigt und kritisiert werden.

Die Haltung, die hierbei vertreten wird, spiegelt wider, dass von sich selbst als quasi diskriminierungsunfähig ausgegangen wird. Aufgrund des Frau Seins wird die Reproduktion von diskriminierenden Einstellungen gegenüber anderen, mehrfach marginalisierten Personen ausgeschlossen. Personen stufen sich selbst aufgrund von erfahrenem Sexismus als „harmlos" ein und ignorieren folglich die eigene Beteiligung an diskriminierenden Strukturen und Normen. Dies soll die Auswirkungen von Sexismus nicht relativieren, ich möchte hiermit auf die Ignoranz gegenüber weiteren Mechanismen verweisen, die mit Sexismus zusammenwirken können. Ich möchte auf eine intersektionale Betrachtung von diskriminierenden Vorgängen aufmerksam machen. Dies ist deshalb so wichtig, weil eine Gruppe, eine Interessenvertretung, eine politische Bewegung, ansonsten ihrerseits wiederum unweigerlich Ausschlüsse produziert. Um die Frage vorweg zu nehmen: Nein, diese Bewegung wäre nicht „genauso schlimm wie ...", jedoch würde sie lediglich eine sehr eindimensionale Sichtweise auf Diskriminierung haben und Marginalisierung befürworten, weil beispielsweise Cissexismus als „Randphänomen" betrachtet wird. Eine trans Frau erlebt nicht heute Sexismus und morgen Transfeindlichkeit. Deshalb ist es mir so wichtig, den Begriff Transmisogynie öffentlicher zu machen.

Politische Bewegungen, die mitunter mehrfach marginalisierte Personen aus ihrem Fokus drängen und wiederum Ausschlüsse produzieren, müssen damit konfrontiert werden, worauf sich diese Handlungen zurückführen lassen. Politische Bewegungen und Vertretungen, welche die alltäglichen Konflikte, Unterdrückungen und Gewalterfahrungen unter denen Frauen leiden müssen, lediglich auf das Frau Sein beschränken und alle weiteren marginalisierenden Mechanismen ausblenden oder gar aktiv an diesen mitwirken, sind zu kritisieren.

Diesbezüglich erlebte ich Aussagen, die die Problematik eines *weißen*, cissexistischen Feminismus offenbaren. Ein Beispiel hierzu ist die

Haltung, dass es „nicht die Aufgabe von Feminismus sei" sich auch noch um „alle möglichen anderen Themen zu kümmern". Gemeint sind hiermit „Themen", von denen Frauen betroffen sind, die nicht *weiß*, cis, heterosexuell, abled ... sind. Darin zeigt sich selbstverständlich auch immer wieder die Vereinnahmung von Menschen als Frauen, auch wenn diese keine sind.

Leider musste ich weit ausholen, jedoch betrachte ich dies als unumgänglich, um die Konsequenzen aus diesen eingeschränkten Perspektiven von Diskriminierung aufzuzeigen.

Zurück zum Zitat. Cissexismus und Transfeindlichkeit werden hier als „lediglich" körperliche Gewalt dargestellt, die nur von Männern ausgeübt wird. Darüber hinaus ist es für mich als trans Frau schwierig einzuschätzen, wer unter dem Begriff „trans Menschen" gemeint ist, wenn cis Personen darüber sprechen. Trans Personen können alle Geschlechter haben, die cis Personen auch haben. Wenn ich also ausdrücklich von der Gewalt spreche, die trans Frauen, trans weibliche Menschen trifft, kann eine solche Bezeichnung einer Entgeschlechtlichung gleichkommen. Trans Frauen wird hierdurch das Geschlecht abgesprochen und die Möglichkeit, überhaupt tatsächlich Frauen sein zu können.

Kurz formuliert, mit der Aussage:

„Kümmere dich mal lieber um Männer, die trans Menschen Gewalt antun, statt hier offen Frauen zu kritisieren, du ‚Feminist'!" wird ausgesagt, dass:

- sich lediglich auf Diskriminierung und Gewalt konzentriert werden muss, die von Männern ausgeht

- trans Frauen allgemein als eine Gruppe geschlechtsloser Personen definiert werden

- (cis) Frauen keine (transfeindliche) Gewalt und Diskriminierung ausüben

- es als Diskriminierung wahrgenommen wird, für diskriminierendes Verhalten kritisiert zu werden

- ein Misgendering zum Schluss die argumentative Überlegenheit zum Ausdruck bringen soll

So viele Ebenen der Relativierung, Diskriminierung, Marginalisierung und des Hasses. Denn neben verinnerlichtem Denken muss die Ebene der vorsätzlichen Feindlichkeit gegenüber trans Personen, insbesondere Frauen, die trans sind, bedacht werden.

Dies war mein kleines „Wie alles begann" – Eine Twittergeschichte. Mit transfeindlichem Feminismus, sehr kurz nach meinem Outing, und den ersten zaghaften Ansätzen von Kritik an Cissexismus.

Ich werde häufiger gefragt, was die erhofften Ziele von bewusster, offener Transfeindlichkeit sein können.

These: Der Erhalt der eigenen Position innerhalb des geschlechtlichen Systems und darin möglichst viel Ausgleich zwischen den binären Geschlechtern. Als Mittel dient, wie bereits erwähnt, ein antiintersektionaler Feminismus. Also ein Feminismus, der sehr eng auf ein bestimmtes, normiertes Frau Sein zugeschnitten ist und andere Diskriminierungserfahrungen ausblendet. Wie oben beschrieben: „Frauen können sich nicht um jede Diskriminierung kümmern." Die Absurdität eines solchen Feminismus zeigt sich darin, dass diese Einstellungen alles ausblenden, wovon Frauen und darüber hinaus andere Geschlechter ebenso betroffen sein können. Intersektionen auszublenden dient hierbei der Festigung der eigenen Position. Übrig bleibt ein Feminismus, der auf in der Regel *weiße*, cis, abled Frauen zugeschnitten ist, der sich gelegentlich mit einzelnen Personen „schmückt", um Offenheit vorzugeben. Gelegentlich mal ein Artikel, ein Vortrag etc., in dem über körperliche Gewalt gegen trans Frauen berichtet wird. Und ein cisnormatives Publikum kann betroffen sein und sich gleichzeitig davon abgrenzen, selbst eine solche Gewalt auszuüben.

Die Übergänge zwischen offener Transfeindlichkeit und cis Feminismen können hierbei mitunter fließend sein, deshalb benenne ich hier beide. Offen transfeindliche Feminist*innen bezeichnen trans Frauen eben als Männer und cis Feminismen formulieren zumeist vermeintlich gewählter und sagen Dinge wie: „Trans Frauen müssen ihren Platz kennen.". Deshalb darf eine Kritik an Transmisogynie niemals nur an offen transfeindlichen Feminismus adressiert werden. Die Übergänge können fließend sein, sodass offen transfeindliche Personen mitunter im geschlechtlichen Biologismus aller anderen Feminismen kaum weiter auffallen. Im weiteren Verlauf gehe ich hierauf noch ausführlich ein.

„Du eignest dir Frau Sein an!"

Um direkt an das vorangegangene Kapitel anzuknüpfen, ist der Titel bereits Programm. Transfeindlicher Feminismus hat es sich mitunter stärker zur Aufgabe gemacht, zu bestimmen, welche Person welches Geschlecht habe, als das Patriarchat zu bekämpfen. Während der London Pride 2018 beispielsweise bestand das politische Programm teilweise darin, trans Männer und einige non-binary Personen als Frauen zu vereinnahmen und zum Beispiel trans weibliche Personen als Männer zu bezeichnen. Unter *get the L out* und *mayday 4 women* wurde versucht, geschlechtliche Transitionen von zum Beispiel trans Männern als etwas von außen Aufgezwungenes darzustellen. Dieselbe Wortwahl zeigte sich auch auf der Europride 2019 in Wien. Dies zielt auch besonders auf Frauen wie mich ab, weil durch meine Selbstbestimmung eine Aufrechterhaltung bestehender patriarchaler Machtverhältnisse vermutet wird. Ich kann euch an dieser Stelle mit Überzeugung und Gewissheit versichern, dass ich mir Frau Sein und Weiblichkeit aneigne, das ist korrekt. Ich entreiße es dem Patriarchat und seinen willigen Stellvertretenden und mache es zu etwas, das mir guttut und mich glücklich macht. Auch, um Leuten zu zeigen, dass es möglich ist. Wenn transfeindliche Feminist*innen nun davon erzählen, wie sich trans Frauen Weiblichkeit aneignen, dann bestätige ich das. Eben so, dass es sie richtig, richtig hart nervt. Ich kämpfe seit Jahren dafür, die Frau sein zu können, die ich bin, und gedenke nicht damit aufzuhören. FIGHT ME!

Das hier war nun eine sehr ausführliche Darstellung eines Onlinebeispiels. Mein Alltag bei Twitter, das ist nun einmal mein Kommunkationstool, ist von transmisogyner oder „nur" misogyner Hetze und Anfeindung geprägt. Je nachdem, ob Leute wissen, dass ich trans bin oder nicht. Weitestgehend anonymisierte Twitteraccounts, die mir mit körperlicher, sexualisierter Gewalt drohen, mir Suizidaufforderungen schicken oder versuchen, mit Cissexismus gegen meine Existenz zu „argumentieren". Letzteres passiert nicht ausschließlich anonym. Weil Transmisogynie ein strukturelles Problem ist, erlebe ich neben transfeindlichen Feminist*innen ebenso Personen, deren umfassende Systemkritik und Antifaschismus leider dort enden, wo Zweigeschlechtlichkeit durch Staatsgewalt und Rechtsprechung durchgesetzt wird. Viele linke Gruppierungen und Personen haben leider ein erhebliches Problem damit, sich dem eigene ausschließende und diskriminierenden Verhalten bewusst zu werden. Intersektionalität wird allzu häufig als bloße Identitätspolitik abgetan und eine mehrdimensionale Analyse von Diskriminierungsmechanismen wird bewusst ausgeblendet. Hierbei wird genauso ausgeblendet, dass es „die Arbeiter*innen", leider zumeist nur als „die Arbeiter" betitelt, nicht gibt. Arbeiter*innen sind POC, WOC, Schwarz, trans, queer, lesbisch, inter, Sexarbeiter*innen, bisexuell, behindert, Frauen, non binary, bitte weiterführen. In meinem Fall wäre ein Ansatz, die transfeindliche Gesetzgebung, die Gutachtenpraktiken und das System der Zweigeschlechtlichkeit zu kritisieren, ein antifaschistisches Anliegen. Aber vielleicht erhoffe ich mir da zu viel.

Das Problem mit dem *

In feministischen Kontexten werdet ihr unweigerlich auf ein „Frauen*" stoßen. Dieses * (oder Asterisk) soll dazu dienen, auf die Konstruiertheit von Geschlecht und die patriarchale Definition des Frau Seins hinzuweisen. Leider endet diese Dekonstruktion oftmals dort, wo sie weitergehen muss. Nämlich an der Frage, ob Körper grundsätzlich ein Geschlecht haben (Leak: haben sie nicht). Wenn also die Frage nach der Konstruktion von Geschlecht gestellt wird und lediglich Stereotype Kritik erfahren, wird weiterhin an Zweigeschlechtlichkeit festgehalten und dieser Zustand, der sich ebenso in der Gesetzgebung zeigt, wird nicht, angetastet.

Eine Person nach einer Hysterektomie und ich sind uns, was unsere Gebärfähigkeit angeht, grundsätzlich gleichgestellt. Jedoch werden in Feminismen erhebliche Unterschiede gemacht, was diese Zustände über die geschlechtliche Konstruktion aussagen. Die eine „konnte das ja mal, du hingegen nie.". Anstatt über Gebärfähigkeit an sich zu sprechen, wird diese als Merkmal von Geschlecht herangezogen. Es werden wiederum Frauen ausgeschlossen, weil sie trans sind, und gleichzeitig wird anderen Personen das Label Frau übergestülpt, weil sie gebärfähig sind oder es ihnen zugesprochen wird. Selbst wenn diese Personen keine Frauen sind. Hierin verdeutlicht sich, wie Cissexismus in mehrere Richtungen wirkt. Nicht im relativierenden Sinn. Cissexismus funktioniert, indem er Personen das Geschlecht aufgrund vermeintlicher körperlicher Gegebenheiten abspricht und gleichzeitig Leuten aufgrund bestimmter vermeintlicher Fähigkeiten überstülpt. Cissexismus schließt somit durch Biologismus aus und grenzt gleichzeitig gewaltsam ein. Darüber hinaus versuchen Personen, die diese Praktiken verwenden, sich auf ihr Frau Sein zu stützen und damit die tatsächlich bestehende misogyne Gewalt argumentativ gegen trans/nb/inter Personen zu verwenden. Sie beharren darauf, dass dies Gewalt sei, die lediglich Frauen trifft. Wenn überhaupt, wird ein „*" an Frauen gehängt, also „Frauen*", um den Anschein von Inklusion zu erwecken. Hiermit wird gesagt, dass ebenso bestimmte trans Personen mitgedacht werden.

Jedoch werden diese Personen nicht mit ihrem Geschlecht miteinbezogen, sondern aufgrund vermeintlicher körperlicher Gegebenheiten und Funktionen. Dies bedeutet unweigerlich ein erneutes Misgendering und das Schüren cissexistischen Hasses. Weshalb? Alle weiteren Personen, zum Beispiel trans Frauen, trans feminine Personen, nonbinary Personen, alle Personen, denen bei der Geburt das Geschlecht „männlich" zugewiesen wurde, werden hierbei ausgeschlossen. Weshalb oder inwiefern? Auch wohlmeinende Ansätze mit „Frauen*" trans Frauen miteinzubeziehen, können missverständlich aufgefasst werden, oder bereits falsch beabsichtigt sein. Sie sind bereits Frauen. Eine ausdrückliche Adressierung in Texten zur Ermutigung und Sichtbarmachung könnte Abhilfe schaffen. Also bei beispielsweise Türpolitiken für geschlossene Räume, bei Veranstaltungen, Demoaufrufen oder ähnlichem. Mit dem „Frauen*" werden jedoch leider oftmals Personen adressiert, die als Frauen *wahrgenommen* und vereinnahmt werden. Also aus einer Fremdwahrnehmung heraus. Viele cis Feministinnen definieren als „Frauen*" Personen, die potenziell schwanger werden können. Zusätzlich werden hiermit auch Prägungen im Aufwachsen (Sozialisation) gemeint, die diese Personen unter gewisse Zwänge stellen, nicht lediglich nur schwanger werden zu können, sondern dieses auch werden zu müssen, was einen ständigen sozialen Druck erzeugen kann. Das betrifft einen erheblichen Teil von cis Frauen und ebenso afab trans Personen. Diese werden hierbei mitunter als „Frauen*" miteingeschlossen, ohne Frauen zu sein, während beispielsweise reale Frauen ausgeschlossen werden, wenn sie transgeschlechtlich sind. Zu diesem Ausschluss wird trans Frauen durch eine Form der, wie ich es hier bezeichnen würde, Etabliertenvorrechte, eine höchstens untergeordnete Zugehörigkeit zum Geschlecht „weiblich" zugestanden. Es mag also durchaus sein, dass unser Geschlecht anerkannt wird, jedoch stets unter der Bedingung, dass wir zu akzeptieren hätten, lediglich zu Frauen „geworden" zu sein, wohingegen es cis Frauen vermeintlich von Geburt an sind. Ich löse dies kurz auf: Alle Frauen sind erst zu Frauen geworden, nur mussten und müssen einige lange dafür kämpfen, dass dies (in gewissen Bereichen) anerkannt wird.

Damit werden Ausschlüsse gerechtfertigt und gleichzeitig wird misogyne Gewalt argumentativ gegen Personen eingesetzt, die trans sind. Das geschieht insofern, als dass transexklusive Feminismen diesen tatsächlichen Status als von Gewalt bedrohten und Gewalt erlebenden Personen einzig für cis Frauen beanspruchen. Mitunter wird hierbei wiederum auf eine Art „Geburtsrecht", Frau zu sein verwiesen – aus dem der Schluss gezogen wird, alleine von misogyner Gewalt betroffen zu sein. Auch hier werden verschiedenste Debatten geführt, in denen geäußert wird, dass erlebte misogyne Gewalt für zum Beispiel trans feminine Personen erst mit einer permanenten medizinischen Gender Transition real sein könne. All die Jahre der völligen Unsicherheit, also der Unsicherheit, als Mädchen, Frau, enby zu leben, werden übergangen oder gleich bewusst abgetan, da sie für diese Zeit als Männer betrachtet werden. Hierbei kommt zusätzlich die Sozialisationsargumentation negativ zum Tragen, da trans Personen, aus cisnormativer Perspektive, unumstößlich und monolithisch als ihr zugewiesenes Geschlecht sozialisiert wurden. Um zum Schluss zu kommen: Das „Frauen*" kann transfeindliche Inhalte transportieren, da es oftmals zur Vereinnahmung und zum Ausschluss verwendet wird. Ob beides beabsichtigt wird ist hierbei zunächst einmal unerheblich, denn wie vielfach beschrieben, beginnt eine Diskriminierung nicht mit Vorsatz. Wenn auf bestimmte geschlechtliche Konstrukte aufmerksam gemacht werden möchte, muss der Schritt zu Ende gemacht werden und es darf kein „Stopp" bei bestimmten Personen gemacht werden, um lediglich cisfeministische Ziele zu verfolgen.

Zum geschlechtlichen Selbstverständnis im Patriarchat

Darüber hinaus drängt sich die Frage auf, worin das geschlechtliche Selbstverständnis von Menschen liegt. Häufig wird Gebärfähigkeit mit dem Geschlecht verknüpft. Diese wird als allgemeinverbindlicher, wissenschaftlicher Fakt angeführt, der in sich der Beweis für das Geschlecht Frau sei. Aus dem Geschlecht Frau wiederum wird automatisch die Fähigkeit zum Gebären abgeleitet und damit wird dieser argumentative Kreis auch bereits geschlossen. Zusätzlich zu vermeintlich körperlichen Fähigkeiten wird das Selbstverständnis oft auch aus der Außenwirkung abgeleitet. Kurz: „Weil mir das Patriarchat das Geschlecht Frau zuweist, bin ich es." Dies geschieht bei gleichzeitiger feministischer Kritik an Körpernormen, Biologismus, Gewalt etc. Zum einen wird der angesprochene Biologismus kritisiert, jedoch parallel dazu gegen trans Personen verwendet und sich auf ihn gestützt. Biologismus wird durch Cisfeminismen also solange kritisiert, bis das eigene geschlechtliche Selbstverständnis ins Wanken geraten könnte. Da trans Personen dieses auf verschiedene Arten tun, gelten sie als beschriebener Störfaktor, der ignoriert oder diffamiert und bekämpft wird.

These: Das Selbstverständnis über die Position im Patriarchat wird durch trans Personen und deren spezielle Kritiken empfindlich gestört und Cisfeminismen wie auch vorsätzlich transfeindliche Feminismen sehen sich nunmehr einer Kritik ihrer eigenen Kritik des Patriarchats ausgesetzt. Die eigene Stellung als „DIE unterdrückte Gruppe" im Patriarchat wird zumindest teilweise infrage gestellt.

Daraus ergeben sich mehrere Handlungsoptionen. Zum einen ein Reflexionsprozess, der Frauen-, Femininitäts- und Transfeindlichkeit realisiert, auf die Kritik von trans Personen eingeht und sich solidarisch zeigt. Eine andere Option ist leider häufig, die Kritik durch trans Personen als Diskriminierung darzustellen, trans Personen eine umfassende Machtposition zuzuschreiben und sich auf Biologismus zu berufen, um sich gegen trans Personen zu stellen. Der Widerspruch zeigt sich darin, dass die patriarchal bestimmte, biologistische Geschlechterordnung mitunter aufgegriffen und gegen trans Personen verwendet wird. Also exakt das Festmachen von Geschlecht an Anatomie, Hormonen, Chromosomen, das zuvor zu Recht kritisiert wurde, wird nun als Basis zum Ausschluss von trans Personen verwendet.

Wer vom Gebären spricht, darf von anderen Formen der Fortpflanzung nicht schweigen. Ich habe nun über die Definition von Gebärfähigkeit als unumstößliches Merkmal des Frau Seins in Feminismen gesprochen. Darüber hinaus habe ich klargestellt, welche Folgen diese Einstellungen für Personen haben können, die diese grundsätzlichen körperlichen Fähigkeiten besitzen, ohne Frauen zu sein. Einige von ihnen sind non-binary Personen, einige von ihnen sind Männer, einige sind genderfluid. Ich möchte nun darauf zu sprechen kommen, wie Gebärfähigkeit mit Frau Sein gleichgesetzt und die körperliche Fähigkeit, Spermien zu produzieren, mit dem Mann Sein verknüpft wird. Ganz gleich, dass weder Hoden noch Prostata noch Penis noch Spermien noch Testosteron noch der Chromosomensatz XY eine Person zum Mann machen. Allein, geschlechtlicher Biologismus versucht diese biologischen Tatsachen™ als Beweis für die Geschlechtszuweisung heranzuziehen. Umgekehrt wird dieser Schluss ebenso durchgeführt. Das Geschlecht „Mann" wird direkt aufgrund der äußeren Erscheinung zugewiesen und daraus ergibt sich dann die cissexistische Zuweisung bestimmter körperlicher Eigenschaften. Geschlechtlicher Biologismus ist daher nichts anderes als eine Tautologie, ein „Chromosomen XY ist männlich, weil Männer XY Chromosomen haben". Eine Aussage, die sich stets auf sich selbst bezieht und daraus Wahrheitsanspruch für sich einfordert. Werden diese Aussagen und falschen Schlüsse kritisiert, werden Personen in der Regel mit dem Vorwurf konfrontiert, die Biologie™ in Frage zu stellen und tatsächliche, körperliche Fakten zu ignorieren. Ganz kurz dazu: nein, das wäre wiederum ein völlig falscher Schluss. Ich widerspreche nicht, dass ein Penis ein potenzielles Fortpflanzungsorgan ist, ich widerspreche nicht, dass Spermien in der Regel für die Fortpflanzung benötigt werden, ich widerspreche nicht, dass in Hoden und Prostata Spermien produziert werden, ich widerspreche nicht, dass in der Regel Spermien und Eizellen zusammenkommen müssen, damit eine Fortpflanzung stattfinden kann. Ich widerspreche keinerlei körperlichen Funktion von Chromosomen, Hormonen und Organen. Wohl aber den Schlüssen, diese in ein zweigeschlechtliches System zu integrieren und alle Personen, die „hinausfallen" und sich dagegen zur Wehr setzen, zu attackieren, zu diskriminieren und auszuschließen. Anders ausgedrückt: Bestimmte Organe zu haben bedeutet, dass eine Person bestimmte Organe hat. Ein Geschlecht leitet sich daraus allerdings nicht ab und der Besitz eines bestimmten binären Geschlechts auch nicht.

Kurz: Ich stelle nicht die Biologie in Frage, sondern ihre biologistische, cissexistische Interpretation und ihre Vereinnahmung von Menschen gegen Menschen.

Wie in den begrifflichen Definitionen bereits erwähnt, begreifen sich cis Feminismen mitunter selbst als nicht in der Lage, andere zu diskriminieren. Zusätzlich wird Queerfeminismen häufiger abfällig gegenübergetreten und ihnen Rationalität, Wissenschaftlichkeit und Seriosität abgesprochen.

„Alle Frauen sind gemeint."

„Alle Frauen sind gemeint", ein „das betrifft alle Frauen", oder auch „alle Frauen kennen das", ist meist der Versuch, universelle Übereinstimmungen zwischen Frauen herzustellen. Nun möchte ich darauf eingehen, wie eine scheinbar allgemeingültige Verbindung über bestimmte Erfahrungen ermöglicht werden soll. Zunächst einmal: Übereinstimmungen zu benennen ist eine Grundvoraussetzung zum Erkennen und Kritisieren von sexistischen Strukturen. Ich betrachte dies als unerlässlich und stelle hiermit definitiv nicht die Praktik, auf Gemeinsamkeiten aufmerksam zu machen, infrage. Es darf hierbei jedoch nicht außer Acht gelassen werden, wie die entsprechenden Übereinstimmungen zusammengefasst werden. Denn in der Regel wird auch hierbei streng binär gedacht und oftmals maximal afab trans Personen miteinbezogen. Jedoch aufgrund des Binarismus zumeist mit einem Inklusivität vorgebendem „Frauen*", wie bereits an anderen Stellen erwähnt. Ich weiß, dass sich innerhalb dieses Buches stetige Wiederholungen zeigen, aber genau das ist der Punkt. Die immer gleichen Muster schlagen sich in unterschiedlichen Ausprägungen und in unterschiedlichen Begebenheiten nieder. Und es wird tatsächlich nicht leichter, cis sexistische Praktiken zu kritisieren, weil trans Menschen immer Gefahr laufen, für ihr Aufzeigen dieser ausgeschlossen zu werden. Wie bereits erwähnt, führt die Überzeugung der absoluten Diskriminiertheit™ dazu, dass eben die Kritik von mehrfachmarginalisierten Personen als ein Angriff wahrgenommen wird. Dieses Denken führt wiederum zu ausschließenden Handlungen gegen Personen, die ohnehin oftmals nur über geringe Repräsentation verfügen.

Bis hierhin erwähnte ich lediglich afab trans Personen zu diesem Beispiel und möchte nun den allzu bekannten Kreis aus Einschluss und Ausschluss schließen. Wie immer im Cissexismus, wo gewaltsam eingeschlossen wird, um universelle Übereinstimmungen herzustellen, wird auch gewaltsam ausgeschlossen, was diesen Prozess stören könnte. Zum Beispiel amab trans Personen und trans Frauen, die tatsächlich und real Frauen sind, allerdings oftmals nicht bedacht werden (wohlwollend gesprochen). Die Erfahrungen zeigen mir, dass oftmals überhaupt nicht alle Frauen gemeint sind, wenn „alle Frauen" gemeint sind. Meistens wird versucht, Personen zu vereinnahmen, die gar keine Frauen sind. Meistens werden Frauen mit mehreren Intersektionen ausgeschlossen, weil ihnen mit steter Ignoranz begegnet wird. Zur Erinnerung: Das grundsätzliche Vorgehen, die Übereinstimmungen zu benennen, ist absolut notwendig. Jedoch das Geschlecht von Personen zu missachten und alles auf das Label Frau zu zentrieren, führt nur zu weiteren Marginalisierungen. Im Lauf der vergangenen Jahre bin ich oft Sätzen begegnet, nach denen Frauen „alles sein können". Leider streichen viele Feminismen diese Aussage, sobald eine Frau den Raum betreten möchte, die transgeschlechtlich ist.

„Für dich!"

Im vorangegangenen Kapitel kritisierte ich biologistische Vereinnahmungen von Körpern. Jetzt möchte ich mich gezielt an die Leser*innen dieses Buches wenden. In der Regel stellen mir cis Personen viele Fragen über Körper und Geschlechter. Da ich sie nicht alle im Einzelnen aufführen möchte und kann und sie oftmals in dieselbe Richtung verlaufen, stelle ich sie als *verdichtete* Fragen vor. Im Folgenden werde ich also von „du" oder „dir" sprechen.

Deine Frage: „Wenn nicht Körper, Intimorgane, Hormone und Chromosomen das Geschlecht bestimmen, was denn dann?"

Dieser Frage möchte ich meinerseits wiederum mit Gegenfragen begegnen:

Ist es *dir* wichtig, dass *dein* Geschlecht eine „biologisch nachweisbare" Grundlage hat?

Ist es *dir* wichtig, die Intimorgane und die Körper von Menschen zu vergeschlechtlichen und trans Personen dann entsprechend *deiner* cisnormativen Vorstellungen falsch zu vergeschlechtlichen?

Höre zu, lies und respektiere zukünftig, was trans, non-binary, inter Personen über ihre Unsicherheiten in Bezug auf geschlechtliche Zugehörigkeit und Akzeptanz täglich sagen und schreiben.

Ist es möglicherweise, um die Deutungshoheit behalten zu können? Da könnte es schon wärmer werden. Was den Großteil der meisten Leben als selbstverständlich kennzeichnet, wird, wie bereits erwähnt, durch zum Beispiel trans Aktivismus empfindlich gestört und infrage gestellt. Gleichzeitig kritisieren trans Personen auch das persönliche Verhalten von Einzelpersonen wie *dir* zum Beispiel. *Deine* persönliche Überzeugung kann hierbei der Auslöser für Abwehrreaktionen sein. *Du* solltest dir klar machen, wo *du* möglicherweise hierarchisch stehst und wie sich Cisgeschlechtlichkeit auf *dein* Leben auswirkt. Hierbei verbindet uns, dass in der Regel allen Neugeborenen aufgrund von biologistischen Vorstellungen ein Geschlecht zugewiesen wird. Im Falle von inter Menschen trifft dies nicht immer zu. Deine geschlechtliche Zuweisung verläuft in der Regel weitestgehend unbeachtet, denn viele Feminismen zeigen ihre Kritik meist frühestens dann, wenn ein Kind in rosa oder blaue Kleidung gesteckt wird. Wo du deiner Geschlechtszuweisung gegenüber vielleicht niemals Selbstzweifel entwickelst, kann für trans Personen ein oftmals jahrelanger Prozess beginnen. Ein Prozess aus Selbstzweifeln, aus dem eigenen Wunsch heraus, es nicht wahrhaben zu wollen. Ein Prozess aus Selbstfindung, aus der Frage, welche Konsequenzen diese Selbstfindung nach sich ziehen wird. Aus der Frage, ob das *Wirklichkeit* sein kann. Und dann bedenke, dass ich hier gerade noch vom Level „easy" spreche und mich bezüglich Diskriminierungsmechanismen gerade ausschließlich auf trans Sein beziehe und weitere Intersektionen, für den Überblick, noch außen vor lasse. Ist doch alles locker und Diskriminierungen sind weitestgehend verschwunden. Höchstens noch auf staatlicher, medizinischer, psychologischer und gesellschaftlicher Ebene passieren einige Randphänomene, die einige trans Personen als vielleicht nicht so gelungen einstufen könnten.

Ich möchte damit sagen, dass die geschlechtliche Zuweisung, spätestens bei der Geburt, für *dich* zumeist unbemerkt verläuft. Für trans und/ oder inter Personen hat sie in der Regel weitreichende Folgen. Es geschieht eine doppelte Zuweisung mit uns. Uns wird zunächst aufgrund von Biologismus ein Geschlecht zugewiesen, und wenn wir äußern, dieses abzulehnen, wird uns zusätzlich die Schuld hierfür zugewiesen. Für *dich* mag ein zugewiesenes Geschlechtslabel passen und okay sein und für gewöhnlich ziemlich unbemerkt verlaufen. Und das ist auch okay so. Auch wenn dies als nichts Besonderes erscheint, musst *du dir* klar machen, dass viele Selbstverständlichkeiten, wie nahezu immer korrektes geschlechtliches Ansprechen durch unbekannte Personen, keine medizinisch-psychologische Offenbarung vor mehreren unbekannten Personen, oder auch korrekte Ausweisdokumente zu besitzen, für trans Personen oftmals erst einmal nicht gelten. Es geht nicht um eine Schuldzuweisung, du sollst nicht unter Tränen zusammenbrechen und *dein* cis Sein bereuen. *Du* kannst eine völlig überzeugte cis Person sein und dich dennoch respektvoll und solidarisch gegenüber trans Personen zeigen. Echt, ganz ehrlich, es klappt. Ich kenne einige cis Personen, die das super hinbekommen.

Nein, du bist nicht „aber okay/nett/ein*e Gute*r", es geht hierbei nicht um deine Gefühle und auch nicht darum, dich zu hofieren, weil du in meiner Kritik mitgemeint bist. Wenn du cis und nicht inter bist, bist du Teil einer Gruppe, die nicht institutionell unter Cissexismus leiden muss. *Du* musst dir über deine Position klar werden. Es geht hierbei nicht darum, wie unfassbar solidarisch du transgeschlechtlichen Menschen gegenüber vielleicht bist. Es geht nicht um dich. Das „not all…" ist schon bei der Adressierung von Männern und diskriminierendem Verhalten völlig fehl am Platze. Ich adressiere cis Personen mit meiner Kritik, um ihnen klarzumachen, welche Position sie aus meiner Perspektive innehaben und wie ihre Geschlechter safe und unhinterfragt bleiben. *Du* musstest nicht einem Dutzend Leute beweisen, wirklich echt und dauerhaft eine Frau zu sein. Und dafür auch noch Geld und Lebenszeit investieren. Wir alle haben geschlechtlichen Biologismus verinnerlicht, auch trans Personen. Du, ja du, also auch. Auf Twitter melden sich nahezu täglich Leute bei mir, die gut finden, was ich schreibe, sie sich aber wünschen würden, ich würde nur von „einigen Cisgendern/nur von einigen schlimmen Männern …" schreiben. Das sind Distanzierungsversuche, die nicht nur bei Transfeindlichkeit und Cissexismus existieren. Es ist ein Mechanismus, der häufig von Privilegierten angewandt wird. Cisgender Personen wollen hiermit die Kämpfe in einem bestimmten Rahmen anerkennen und sich selbst augenblicklich ihrer Verantwortung entziehen. Hiermit verdeutlicht sich nur, wie eine Machtposition ausgespielt wird. Gerne werden diese Distanzierungen mit herablassenden „Ratschlägen" serviert. Sätze wie „Sage es lieber so/drück dich netter aus/Leute könnten von deinem aggressiven Ton abgeschreckt werden/Verallgemeinerungen bringen niemandem etwas" kommen regelmäßig vor. Sie legen Marginalisierten den Zwang auf, ihre Kritik „mehrheitstauglich" zu formulieren. Kritik solle so geäußert werden, dass die Mehrheit, also privilegierte

Gruppen, sich nicht „verletzt" fühlen müssen und ihr Verhalten nicht zu ändern brauchen. Das ist die Weiterführung von Diskriminierung mit dem Anspruch, trans Personen unterstützen zu wollen. Diese „Unterstützung" wird jedoch immer an bestimmte Verhaltensregeln von trans Personen geknüpft. Ich machs kurz:

Das ist keine Unterstützung.

Weil ich so häufig darauf angesprochen werde, nur immer und immer wieder Männer zu kritisieren: Wenn ihr euch als Frau lieber solidarisch mit Männern zeigt, die trans Personen bedrohen und belästigen, weil diese ihre Kritik an cis Männern sehr scharf formulieren, hoffe ich, dass ihr eure Prioritäten überdenkt.

Ich bin eine Frau und ich bin transgeschlechtlich.

Ich kritisiere cis Männer als privilegierte Gruppe. Männer, die hierbei nicht mitgemeint sind, denen es jedoch unbedingt wichtiger ist, nicht mitgemeint zu sein, und denen die laute Distanzierung von diskriminierendem Verhalten wichtiger ist als die Sicherheit von trans Personen und cis Frauen, sind definitiv mitgemeint.

Es gibt keinen umgekehrten Sexismus.

Ich kritisiere Cisgender als privilegierte Gruppe. Ja, damit adressiere ich auch cis Frauen, wenn sie Ausschluss und transfeindliche Einstellungen betreiben. Auch hier gilt, wenn bestimmte Cisgender nicht mitgemeint sind, es ihnen jedoch wichtiger ist, sich laut und offen von diskriminierenden Einstellungen zu distanzieren, statt trans Personen zu verteidigen, bist du definitiv mitgemeint.

Cisfeindlichkeit, als strukturelle und institutionelle Diskriminierung in Form von zum Beispiel entwürdigender medialer Darstellung oder einschränkender Gesetzgebung, existiert nicht.

Was bitte ist TERF?

TERF ist ein Akronym und steht für „trans exclusionary radical feminist", oder im Deutschen, „trans exkludierende radikale Feminist*in." Es gibt verschiedene Auslegungen des Begriffs, somit wird mitunter das „exclusionary" durch „exterminatory" ersetzt, um auf den Anspruch vieler so bezeichneter Personen zu verweisen, denen ein „bloßer" Ausschluss von trans Personen nicht weit genug geht. Ebenso gibt es Kritiken daran, explizit transfeindlichen Personen Radikalität in ihrem Feminismus zuzusprechen, wenn sie doch ein essentialistisches, cissexistisches Geschlechterbild vertreten. Hiernach wird das „radical" oftmals durch „reactionary" ersetzt. Jedoch ist auch die Verwendung des Begriffs „reaktionär" umstritten, weil damit festgelegt wird, wer als „fortschrittlich" und wer als „rückwärtsgewandt" einzustufen sei. Weitere Optionen sind: „ridiculous" für „lächerlich" oder zum Beispiel „reenacting the patriarchy against trans people", also quasi „..., die das Patriarchat gegen trans Personen nachspielen/reproduzieren." Weil der Begriff aber immer sehr stark von einer festen Vorstellung, wer hier gemeint sein kann, bestimmt wird, möchte ich bei der zuerst genannten Bedeutung, dem offen transfeindlichen Feminismus, verbleiben.

Auf die Eigenschaften von Transfeindlichkeiten in Feminismen und wie diese zu differenzieren sind, gehe ich später ein. Soviel sei an dieser Stelle dazu gesagt: Explizit transfeindliche Feminismen sind kein neues Phänomen. Bereits 1979 erschien das Buch „The Transsexual Empire – The Making of a She-Male" von Janice G. Raymond. Allerdings haben sich die Argumentationsstrukturen bis heute kaum geändert und somit wird sich vorwiegend auf geschlechtlichen Biologismus, also das Zuweisen von Geschlechtern zu Körpern anhand eines Organstatus, berufen. Darüber hinaus verfolgte auch Raymond bereits den Ansatz, Ausschlüsse nicht einzig über vermeintliche Körper zu begründen, sondern auch noch via Sozialisation zu rechtfertigen. Die Sozialisationsargumentation habe ich zu Beginn dargestellt. Bekanntere Beispiele für transfeindliche Feminismen zeigen sich zum Beispiel beim Blog „Störenfriedas". Dort werden Argumentationslogiken vertreten, die Geschlechter zum Beispiel anhand der An- bzw. Abwesenheit von Gebärfähigkeit festmachen. In Artikeln wie „Warum Radikalfeminismus nicht ‚transfeindlich' ist" könnt ihr lesen, wie geschlechtlicher Biologismus nicht von mir unterstellt, sondern offen argumentiert und gerechtfertigt wird (Maunz/Die Störenfriedas 2017). Hier werden beispielsweise die Kämpfe um reproduktive Rechte und Schutz vor sexualisierter Gewalt als unumstößlich mit „Radikalfeminismus" gleichgesetzt und die Kämpfe von trans Personen verschiedenster Geschlechter als individuelle Interessen „der Postmoderne" und einer ich-Bezogenheit diffamiert (Maunz/Die Störenfriedas 2017). Dadurch werden trans Personen, gleich welchen Geschlechts, so definiert, als ob sie an diesen Kämpfen nicht beteiligt und von diesen diskriminierenden Gesetzgebungen und der Gewalt nicht betroffen seien. Auch im Artikel „Die Sache mit den Safe Spaces: Warum ich keine Schwänze auf Toiletten haben will" (Borchert 2017), wird ausführlich dargestellt, wie transfeindlicher Feminismus Frauen und Frau Sein definiert. Hierin wird sich speziell der Frage gewidmet, ob trans Frauen öffentliche Räume, in diesem Fall Toiletten, benutzen dürfen. Im Artikel wird definiert, dass es ausdrücklich um Penisse geht, die nicht auf Frauentoiletten erwünscht sind. Darin wird auch beschrieben, dass „umoperierte" trans Frauen „akzeptabel" seien (ebd.). Dass dies „sicherzustellen" im Alltag nichts geringeres als sexualisierte Übergriffigkeit bedeutet, ist ein Gewaltaspekt. Der zweite Gewaltaspekt ist, dass trans Frauen somit implizit ein Operationszwang auferlegt wird, um in der Öffentlichkeit geduldet zu werden. Ihr wisst, diese operativen Eingriffe, die nicht notwendig sind, wenn geschlechtliche Stereotype und die Kategorie „Gender" abgeschafft wären. Der dritte Gewaltaspekt des Artikels ist, sexualisierte Gewalt oder gewaltvolles Verhalten allgemein, sexualisierte Gewalt mit dem Besitz eines Penis zu verknüpfen. Hierdurch wird zum einen die Gewalt, die trans Frauen erfahren, als nicht existent erklärt. Zum anderen wird gewaltvolles Verhalten durch Männer verharmlost, da ihr Benehmen stets aus Körperteilen abgeleitet wird.

Konzentration auf Einzelpersonen ist gefährlich

Es ist sehr wichtig, den Fokus auf besondere Hardliner*innen zu legen, deren geschlechtliche Vorstellungen darzustellen und ihre Vorgehensweisen gegen trans Personen offenzulegen. Bei aller Wichtigkeit, Widersprüchlichkeit und Brisanz der Thematik darf dabei allerdings nicht die gesamte cissexistische Struktur außen vor gelassen werden. Problematisch ist, die eigene Verantwortung zur Transfreundlichkeit von sich abzustreifen und sich selbst als aufgeklärt, respektvoll und auch ein Stück weit erhaben vor transfeindlichen Einstellungen zu präsentieren. Kurz dazu: keine Person ist frei von cissexistischen Einstellungen. Auch trans Personen werden nicht mit einem allumfassenden Wissen geboren, sondern sind häufig notgedrungen in einem permanenten Prozess der Selbstreflexion, der Wissensaneignung und Wissensbildung. Das beiläufige Abtun der eigenen diskriminierenden Vorstellungen über Geschlechter kann somit als von vornherein ungültig eingestuft werden. Selbst binärgeschlechtliche trans Personen können aus ihrer sehr unkomfortablen Position heraus gefährliche Aussagen über die Konstruktion von Geschlecht äußern und insbesondere non-binary Personen gefährlich werden. Dazu an anderer Stelle mehr.

Die Problematik einer konzentrierten Schuldzuweisung würde relativ wenigen Personen die absolute Verantwortung zuweisen. Gleichzeitig würde diese bestehenden Cissexismus und transfeindliche Einstellungen in allen Feminismen vernachlässigen. Es ist also überhaupt nicht zielführend, die Diskriminierung und den Ausschluss von trans Personen allein explizit transfeindlichen Feminist*innen anzulasten. Denn letztendlich können sie sich einer relativ sicheren Position in Feminismen gewiss sein, da diese im Kern mit ihrem binären Biologismus stets positiv aufgenommen werden, weil dieser in vielen Feminismen ebenso die Basis bildet. Fixierung auf und positive Formen der Vermarktung von Organen, Hormonen und Chromosomen sind durchaus gängige Praktiken in Feminismen. Diese können grundsätzlich emanzipatives Potenzial haben, jedoch wird dies immer auf dem Rücken von trans und/oder inter Personen ausgetragen. Deren Existenzen werden hierin vernachlässigt oder bewusst durch Biologismus delegitimiert.

Die drei Kategorien des Ausschlusses

Ich möchte eine Einteilung in drei Kategorien vornehmen, die die Ausschlüsse von trans Personen darstellen. Cissexismus ist ein gesamtgesellschaftliches Phänomen. Als Feministin ist mir jedoch bei diesem Kapitel besonders wichtig, auf transfeindliche Einstellungen und Überzeugungen in Feminismen aufmerksam zu machen. Besonders hierbei wurde mir beim Berichten über diese oftmals mit Unverständnis begegnet. Personen sehen Transfeindlichkeit, wie auch andere Diskriminierungen, und Feminismus als sich ausschließende Dinge und reagieren deshalb häufig überrascht. Gewiss sind diese drei Kategorien nicht trennscharf von einander abzugrenzen, und Personen, die möglicherweise zuvor lediglich unbewusst Cissexismus reproduzierten, forcieren diesen mitunter plötzlich, weil sie Kritik an ihrem Verhalten als eine Art von Angriff auf sich wahrnehmen. Ich werde die Kategorien im Folgenden separat darstellen, jedoch wiederholt betonen, wie sich diese äußern. Dabei wird es oftmals unweigerlich zu Überschneidungen kommen.

Vorsätzlicher Ausschluss

Der geschlechtliche Bezug in dieser Form des Ausschlusses stützt sich auf eine biologistische Einstellung, die oftmals einzig an der Kategorie des „biologischen" Geschlechts, im Englischen „Sex", festhält. Dieser Form nach existieren zwei voneinander exakt trennbare Geschlechter, die an Körpern abgelesen werden können. Der Begriff des Genders, im Deutschen des „sozialen" Geschlechts, wird in der Regel abgelehnt. Die Begründung dafür ist, dass mit dem Gender alle geschlechtlichen Stereotype, also Sexismus, verbunden werden. In dieser Ideologie gilt es also, die Verwendung von „Gender" zu unterbinden und diese Kategorie langfristig abzuschaffen. Was zunächst als durchaus positiver Grundgedanke betrachtet werden kann, offenbart seinen eigentlichen Charakter jedoch schnell. Angestrebt wird hierbei also einzig der Bezug auf und die Verwendung der Kategorie „Sex", also des „biologischen" Geschlechts. Mitunter wird dies sogar als „hilfreich" für trans Personen betrachtet, da, so eine mögliche Argumentation, dadurch ja der Zwang zu körperlicher Transition entfallen könne. Das dies aber gerade einem Todesurteil für trans und oder/inter Personen gleichkommen kann, wird bewusst außer Acht gelassen. Denn was geschieht, wenn in Normen und Vorstellungen einzig und allein ein so bezeichnetes „biologisches" Geschlecht existiert? Genau, wir belassen das Geschlechtersystem prinzipiell dort, wo es aktuell ist. Nur, dass trans und inter Personen zusätzlich die Möglichkeit genommen wird, über ihren Körper so gut es geht zu verfügen. Es geht hierbei niemals nur darum, etwas „sachlich" zu benennen. Es geht darum, trans Personen grundsätzlich Respekt und persönliche Entfaltung zu verweigern. Die dauerhaften Folgen hieraus sind immer wieder die Nicht-Respektierung der Geschlechter von trans Personen. Wie sich innerhalb des Buches zeigt, kam und komme ich häufig auf die Widersprüchlichkeit transfeindlicher Feminismen zu sprechen. Der Biologismus und die damit verbundene geschlechtliche Zuweisung ist ja gerade für viele trans Personen der Grund, weshalb sie überhaupt trans sind. Weil ihr eigenes Geschlecht(liches Empfinden) eben nicht oder nur teilweise mit den gegenwärtigen geschlechtlichen Zuweisungen übereinstimmt. Somit würde sich durch einen völligen Rückbezug auf die Kategorie „Sex" nichts für sie ändern. Die Bedingungen würden dieselben bleiben und es existieren weiterhin formal lediglich zwei Geschlechter, die, so bestimmen es transfeindliche Feminismen und bestehende Strukturen auch in Institutionen, exakt von Körpern abzulesen seien. Personen könnten jetzt vielleicht sehr vage auf den Verdacht kommen, dass die vorrangigen politischen Ziele transfeindlicher Feminismen der Ausschluss von trans Personen seien könnten und alles weitere lediglich untergeordnete Ziele sind. Selbstverständlich geht es um die Bekämpfung des Patriarchats, deshalb werden die durch dasselbige zugewiesenen Kategorien nicht neu diskutiert, nicht kritisiert und nicht offener gestaltet, sondern als unumstößlich biologisch nachweisbar betrachtet und vertreten. Beispiel FZ Wien: Das Frauen-Lesben Zentrum in Wien hat extra *für* trans Frauen einen *eigenen* Absatz in ihrem politischen Selbstverständnis, das trans Frauen aufgrund der so bezeichneten unlösbaren Verbindung von Geschlecht und körperlichen Aspekten ausschließt. Ironischerweise werden politische Bündnisse nicht ausgeschlossen, weil verschiedene Zugänge zu Feminismus respektvoll nebeneinander existieren können (FZ Wien). Deshalb gilt in Wien: Trans Frauen bitte draußen bleiben, aber gewiss „respektvoll" (vgl. FZ Wien).

Die Vorstellungen über Geschlecht sind, wie in diesem Beispiel erwähnt, sehr nah am Biologismus des Patriarchats angelehnt. Die daraus resultierenden Ansichten über trans Personen, vorrangig amab trans Personen werden, neben der Warnung vor sexualisierten Übergriffen durch feministische Strömungen, wie bei der dargestellten, als Hauptgründe für die Ausschlüsse formuliert. Für die Strategien des Ausschlusses wird sich gängigerweise eines, ich bezeichne es mal als Einmaleins der Transfeindlichkeit, bedient. Dies umfasst simple Taktiken wie die bereits erwähnte Pathologisierung oder eine Umkehr des Opfer-Täter*innen-Verhältnisses. Darüber hinaus sind konsequentes Misgendering, also das Ansprechen einer Person mit dem falschen Geschlecht, die bewusste Verwendung falscher Pronomen, Deadnaming (also das absichtliche Ansprechen einer Person mit einem nicht mehr verwendeten Namen), oder auch Zwangsoutings durch andere Personen/Institutionen verbreitete Mittel. Auch zeigte sich durch meine persönlichen Erfahrungen, dass scheinbar widersprüchliche Bündnisse mit teilweise antifeministischen, offen misogynen Männern möglich werden, wenn die Übereinstimmungen in Transfeindlichkeit und Transmisogynie gegeben sind. Und Überraschung, das sind sie oft. Ein Beispiel, das scheinbar widersprüchliche Zusammenschlüsse aus Frauen verschiedenster politischer Strömungen wiedergibt, zeigt sich bei Hands Across the Aisle. Hierbei handelt es sich um ein Bündnis, das sich laut Selbstauskunft aus Frauen mit durchaus widersprüchlichen politische Zielen formiert, um die so bezeichnete „Gender Identity Ideology" zu bekämpfen. Diese Gruppierung verwendet „Gender Identity Ideology" als ein Schlagwort. Eine Begrifflichkeit, die laut deren Überzeugung abseits eines, so interpretiere ich dies, wahren oder tatsächlichen Geschlechts existiere.

Hier die kurze Selbstdarstellung:

„For the first time, women from across the political spectrum have come together to challenge the notion that gender is the same as sex. We are radical feminists, lesbians, Christians and conservatives that are tabling our ideological differences to stand in solidarity against gender identity legislation, which we have come to recognize as the erasure of our own hard-won civil rights. As the Hands Across the Aisle Coalition, we are committed to working together, rising above our differences, and leveraging our collective resources to oppose gender identity ideology." (HatA 2019)

Deren eigene Darstellung beschreibt die Existenz von trans Personen und deren Kämpfe als Angriff auf die Rechte von Frauen, gleichwohl sie damit real existierenden Frauen die geschlechtliche Anerkennung verweigern und gleichzeitig ausblenden, dass deren Kämpfe auch die Existenzen von trans Männern und non-binary Personen betreffen. Es wird also eine Trennung zwischen „Frauen- und Transrechten" gezogen.

Des Weiteren und immer häufiger wird sich, statt allein auf Biologismus, auf eine geschlechtliche Sozialisation berufen, die sich simpel in entweder weiblich oder männlich unterteilt. Prinzipiell erscheint dies als ein logischer Schritt. Aufgrund der Tatsache, dass ständig nach neuen argumentativen Möglichkeiten gesucht wird, um trans Personen auszuschließen. Das Terrain des reinen Biologismus bleibt zwar weiterhin äußerst „beliebt", jedoch können sich offen transfeindliche Positionen über den Begriff der Sozialisation zunehmend ebenso in cis Feminismen etablieren. Hiernach wird der Ausschluss weniger über biologistische Mittel argumentiert. Es wird sich verstärkt darauf berufen, dass Menschen durch Aufwachsen, Erziehung, soziale Kontakte etc. männlich oder weiblich sozialisiert werden. Weshalb dies zum Ausschlusskriterium für trans Personen, vornehmlich männlich zugewiesene, wird, erklärt sich fast von selbst. In dieser Vorstellung werden Kinder und Jugendliche auf eine bestimmte Weise geschlechtlich erzogen und geprägt. Dies ist soweit völlig korrekt und dem faktischen Bestehen vergeschlechtlichter Erziehungsweisen widerspreche ich keineswegs.

Diese Erziehungsweisen beinhalten unter anderem bestimmte Kleidung oder auch stereotypes Verhalten, wie zum Beispiel „ruhig und fügsam" versus „durchsetzungsstark und raumeinnehmend" zu sein. Das sind Fakten, auf denen Sexismus basiert, und diese dienen als Fundament für diskriminierende Zustände. Was hierbei außer Acht gelassen und bei Ansprache in der Regel abgewiesen wird, ist der existierende Biologismus, aufgrund dessen überhaupt eine geschlechtliche Zuweisung erfolgt. Wenn die vergeschlechtlichte Sozialisation als Mittel zum Ausschluss von trans Personen bedient wird, wird lediglich gesagt, dass trans Personen nicht „wirklich" ihr Geschlecht sein können. Es wird eine Art Abstufung vorgenommen, nach der Leute, die trans sind, auf ein niedrigeres Level gesetzt werden. Ich als trans Frau werde vielleicht formal mit meinem Geschlecht anerkannt, jedoch werde ich möglicherweise unter dem Vorwand ausgeschlossen, ja „männlich" sozialisiert/erzogen worden zu sein. Allein die Anmaßung, über das Aufwachsen und die Prägungen einer Personen Bescheid wissen und an ihr vorbei bestimmen zu wollen, ist ein Akt der Gewalt. Derartige Anspruchshaltungen zeigen eine massive Ignoranz gegenüber den unterschiedlichsten Lebens- und Leidenserfahrungen von Personen aufgrund von Transfeindlichkeit. Zusätzlich zeugt diese Anspruchshaltung wiederum von einem antiintersektionalen Verständnis, weil auch die Erfahrungen mehrfach marginalisierter cis Frauen völlig außer Acht gelassen und lediglich auf das Frau Sein™ zugeschnitten werden. Dass dies im Prinzip nur die Haltung eines typisch *weißen* Feminismus widerspiegelt, wollte ich hiermit darlegen. Auch aus meiner *weißen* Position als trans Frau habe ich keineswegs das Recht, über alle trans Frauen zu bestimmen und mir anzumaßen, über deren Erlebnisse berichten zu können. Und hierbei bin ich gerade erst bei dem Punkt angekommen, das Geschlecht binärer trans Personen anzuerkennen. Für non-binary, neutrois, agender etc. Personen verschärft das Ausblenden von mehrfachmarginalisierten Lebensrealitäten die Situation zusätzlich. Die weibliche Sozialisation™ als einen feststehenden Block darzustellen, der mehr oder minder alle Frauen betrifft, kann nur mit einem cissexistischen, *weißen*, ableisierten (ich könnte diese Auflistung noch weiterführen) Verständnis von Geschlecht gelingen.

Worauf ich immer wieder zu sprechen komme: Cissexismus funktioniert in mehrere Richtungen. Nein, nicht im Sinne von „es gibt auch Diskriminierung gegen cis Personen", sondern insofern, als dass Cissexismus Menschen von geschlechtlicher Anerkennung abhält. Nämlich immer durch Ausschluss und Fremdbestimmung. Somit werden beispielsweise amab trans Personen vom Label „Frau" ausgeschlossen und ihnen wird eine weibliche Sozialisation abgesprochen. Afab trans Personen hingegen wird in der Regel das Label „Frau" zusätzlich von Feminismen zugewiesen und die eben erwähnte vergeschlechtlichte Sozialisation selbstverständlich zugesprochen. Und all dies geschieht noch in vorwiegend völlig gemäßigtem Rahmen und ohne jegliche aggressive Opfer-Täter*innen-Umkehr. Trans Frauen/Femmes/Weiblichkeiten wird also per se, aufgrund ihrer geschlechtlichen Zuweisung, eine weibliche Sozialisation und dadurch auch, auf andere Weise, ihr Geschlecht abgesprochen. Es geschieht hierbei weniger offensiv, sondern argumentativer und verständnissuchender. Wo bei offenem Biologismus noch Körper, Intimorgane, Hormone und Chromosomen als Ausschlussgrund angeführt werden, wird sich nun viel mehr auf durch Erziehung geprägte Verhaltensweisen berufen. Ich stelle mir vor, wie einem jugendlichen trans Mädchen vorgehalten wird, dass sie sich vielleicht als Frau „fühle", ihre „männliche" Sozialisation aber nun einmal „ganz klar zeige, dass …". Ich weiß, dass dies plakativ ist, aber das ist es, was dieser Bezug für trans Personen bedeutet. Egal, ob sie 5, 15 oder 50 Jahre alt sind. Uns wird quasi ein Leben im „anderen" Geschlecht unterstellt, das mit dem Tag eines umfassenden Coming Outs beendet ist.[6] Ich versuche dies einmal kurz vereinfacht zu erklären. Ein Mädchen, das aufgrund von bestimmten geschlechtlichen Vorstellungen nicht als Mädchen wahrgenommen und anerkannt wird, ist immer noch ein Mädchen. Nur fällt dem Mädchen der erlebte Umgang schwerer und ist das Verhalten ihr gegenüber deutlich unerträglicher und sehr verletzend. Hiermit komme ich am Punkt des Nachvollziehens, des „einfach nur verstehen Wollens", an. Viele Menschen können es aber eben nicht einfach nachvollziehen, wie es sich

---

[6] Danach werden natürlich weitere Hürden eingezogen, z.B. Transition, OPs etc.

anfühlt, permanent ein falsches Geschlecht zugewiesen zu bekommen, keine Möglichkeit zu haben, über Dokumente „das Missverständnis aufzuklären", nicht mal mit vertrauten Personen einen respektvollen Umgang zu erleben. Viele trans Personen haben diese Erfahrungen gemacht und machen sie leider auch immer wieder in ihrem Leben. Vertraut trans Personen, sie wissen, worüber sie aus ihren Leben berichten. Die Behauptung, trans Personen hätten eine geschlechtliche Sozialisation gemessen an ihrem zugewiesenen Geschlecht durchlaufen, widerspricht aber eben den bereits erwähnten Erfahrungen von trans Personen und bringt uns gleichzeitig in die Position, dass durch ein Coming Out plötzlich vieles leichter werde und daraus keinerlei Gefahren resultieren können. Abgesehen von dieser falschen Annahme werden hierdurch verschiedenste mögliche berufliche und soziale Konsequenzen eines Coming Out außer Acht gelassen. Privilegien zu erkennen und entsprechend aufzuzeigen ist wichtig, aber die Tatsache, nicht als die Person wahrgenommen und behandelt zu werden, die du bist, ist kein Privileg. Im Geheimen trans zu sein, sich permanent verstellen zu müssen, vorgeben, eine Person zu sein, die du nicht bist, und darüber hinaus noch die Gefahr von Konsequenzen beim Outing zu erleben, ist nichts Erstrebenswertes. Um hier endgültig klarzustellen:

Eine trans Frau ist kein Mann, der eine Frau spielt. Eine trans Frau ist eine Frau, die es ertragen muss(te), einen Mann zu spielen.

Das ist die Ironie des Cissexismus, dass alle Frauen, gerade eben noch völlig unabhängige Individuen, nun die exakt selbe Form der Sozialisation er- und durchleben, es sei denn, sie sind trans. Wer behauptet, dass alle Frauen die exakt selben Erfahrungen machen? Ich bin es jedenfalls nicht. Aber allein aus der Position heraus argumentieren zu wollen, dass alle cis Frauen eine einheitlichen Sozialisation durchlaufen und hiermit Ausschlüsse von trans Frauen begründet werden, verdeutlicht die Eingenommenheit von sich selbst, als cis Frau für alle Frauen und deren Erfahrungen sprechen zu können. Jedenfalls zeigt dies wiederum einen sehr eingeschränkten, eingleisigen Feminismus – in der Regel *weiß*, dyadisch, cis – der den Anspruch hat, eine universelle Aussage für Frauen zu formulieren. Um bestimmte Frauen auszuschließen.

Ich möchte etablieren, dass alle Frauen unterschiedliche, aber weibliche Sozialisationen erleben, weil sie, ihr habt's erraten, Frauen sind. So wie sie die Erfahrungen von Frau Sein erleben, erfahren sie ebenso auch weitere Prägungen in Form verschiedenster Diskriminierungserlebnisse.

Zusammengefasst: Vorsätzlich ausschließender, ausdrücklich transfeindlicher Feminismus beruft sich vorwiegend auf die These, dass Geschlecht stets binär und exakt von Körpern abzulesen sei. Amab trans Personen werden per se ausgeschlossen. Hierbei werden unterschiedlichste Taktiken verwendet, um sich selbst als nicht diskriminierend darzustellen. Neben dem Verweis auf die vermeintliche biologische Begründbarkeit von Geschlecht wird mitunter die Umkehr des Opfer-Täter*innen-Verhältnisses betrieben. Hiernach werden amab trans Personen als gewaltsame Eindringlinge in Schutzräume für Frauen dargestellt. Ein Ausschluss wird somit durch Selbstschutz begründet. Doch auch darüber hinaus entstehen gemäßigter erscheinende Mittel, um den Ausschluss von trans Weiblichkeiten zu begründen. Diesbezüglich kam ich auf die verstärkter auftretende Form der Exklusion aufgrund von Sozialisation zu sprechen. Hiernach wird also eine Begründung herangezogen, nach der trans Weiblichkeiten keine weibliche, sondern eine männliche Sozialisation erfahren haben. Dieser Schluss wird daraus gezogen, weil ihnen, „wohlwollend" gesprochen, das Geschlecht „männlich" zugewiesen wurde, und sie demnach entsprechend „männlich" geprägt wurden. Dass dies im krassen Widerspruch zum tatsächlichen Erleben von trans Weiblichkeiten steht, wird bewusst übergangen. Die Perspektive auf den Begriff der Sozialisation ist sehr eingeschränkt, nämlich von Cissexismus dominiert. Da dies nicht reflektiert wird, werden trans Weiblichkeiten unweigerlich als „männlich" sozialisiert dargestellt und der Ausschluss wird als gerechtfertigt hingenommen. Zusätzlich zeigen diese Vorstellungen Geschlecht lediglich mit äußeren Zuweisungen verbunden. Ein geschlechtliches Selbstverständnis unabhängig von Körpern und Geschlechtsidentität sowie geschlechtliche Selbstbestimmung haben darin keinen Platz. Ich habe als trans Frau ja gewiss keine Ahnung, aber geschlechtliche Selbstbestimmung halte ich irgendwie für eine sehr, sehr wichtige Sache; muss so ein Feminismusding sein.

Ich sprach eingangs davon, dass der Begriff „Gender" durch transfeindliche Feminismen häufig als Schlagwort verwendet und in Gänze abgelehnt abgelehnt wird, weil er lediglich mit Stereotypen verbunden ist. Eine weitere Argumentation gegen trans Menschen zeigt sich darin, dass die eigene Transgeschlechtlichkeit, erlebte Diskriminierung und geschlechtliche Dysphorie einen besonderen Platz in transfeindlichen Logiken einnehmen. Vor über vier Jahren hatte ich ein Gespräch mit einer cis Frau. Es war kurz nach meinem Outing bei Twitter und ich war völlig unerfahren was meine diesbezügliche social media Kompetenz und die direkte Auseinandersetzung mit terfs anging. Diese Person sprach mich an, um mir ohne Beleidigungen, sachlich und ruhig zu vermitteln, dass mein trans Sein lediglich ein Ausdruck meiner verinnerlichten Misogynie sei, und ich mir nur nicht eingestehen wolle, „einfach" ein „femininer Mann" zu sein. Die Person versuchte ernsthaft, mir mein Erleben, mein Geschlecht und meine geschlechtliche Dysphorie wegzuargumentieren. Dass es ebenso gängige Strategie ist, die Geschlechter von trans Kindern und Jugendlichen nicht zu respektieren und potenzielle medizinische Behandlungen als quasi aufgezwungen zu bezeichnen und daher davon abzuraten, wird im Artikel „Ask Alice: Rat für transsexuelles Mädchen?" (Schwarzer 2014), *beispielhaft* dargestellt. Eine solche Argumentation widerspricht zum einen der Realität von trans Menschen im cissexistischen, binärgeschlechtlichen, medizinisch-psychologischen Apparat. Zum anderen wird das Verständnis von geschlechtlicher Dysphorie, und wie sie sich äußern kann, als reine Nicht-Identifikation mit geschlechtlichen Stereotypen dargestellt. Ach ja, mit „transsexuelles Mädchen" ist hierbei ein trans Junge oder eine non-binary Person gemeint.

Abschließend möchte ich meine Entscheidung begründen, weshalb ich im Besonderen das zuletzt dargestellte Vorgehen unter Kategorie eins „vorsätzlicher Ausschluss" einsortiere. Hierbei handelt es sich nicht um ein rein von Normen und unbewusst diskriminierenden Einstellungen gefördertes Handeln. Es handelt sich hierbei nicht um mangelnde Sensibilität, oder zu geringes Wissen.

Diese Vorgehensweisen dienen einzig und allein dem Zweck, trans Weiblichkeiten auszuschließen und auch die Geschlechter von trans Männern und nicht-binären Personen zu missachten – um sie vereinnahmen zu können. Hierbei dominiert keine mangelnde Sensibilität und keine argumentative Nachlässigkeit, es handelt sich um gezieltes Agieren. Es geht ausdrücklich um Personen, die viel Zeit und Arbeit investieren, um sachlich und ruhig zu argumentieren, weshalb die Ausschlüsse gerechtfertigt seien. Um die rein biologistische Argumentation hinter sich zu lassen, bedarf es einer ganzen Reihe kreativer Prozesse, um auf diese Gedankengänge und Erklärungsmuster zu kommen. Das passiert nicht zufällig und nicht nebenher. Dies benötigt eine lange Auseinandersetzung und zusätzlich noch den Willen, nicht plump und offensichtlich cissexistisch vorzugehen. Ich sprach zuvor von „gemäßigter erscheinend" und das ist exakt die hier betriebene Taktik. Das Ziel ist der Ausschluss von trans Personen unter dem Vorwand des Schutzbedürfnisses als cis Frau. Trans Weiblichkeiten werden nicht als Schutzbedürftige betrachtet, sondern als Aggressor*innen. Der Unterschied zu gängigen Biologismen ist der Versuch, das Einzugsgebiet des eigenen politischen Wirkens über eine weniger aggressive Sprache zu vergrößern. Ein offener Hass gegen trans weibliche Körper kann durchaus gemäßigtere Unterstützer*innen abschrecken. Der Rückbezug auf die aus Feminismen bekannte Argumentation der unterschiedlichen Sozialisation, der wichtig ist, jedoch in sich selbst reflektiert werden muss, wird nun einzig und allein als Waffe zum Ausschluss verwendet. Ich selbst bin eine trans Frau, ich gelte per se als Mann, ob biologistisch oder via Sozialisation argumentiert. Afab trans Personen gelten nach dieser Logik als „weiblich" sozialisiert und werden in der Regel nicht per se ausgeschlossen. Auch an dieser Stelle sei gesagt, dass ein „wohlwollendes" Misgendern für zum Beispiel trans Männlichkeiten und non binary Personen ein Misgendern bleibt und ebenso einen Akt der Gewalt darstellt. Und hier schließt sich der Kreis des cissexistischen Einschluss-/Ausschlussprinzips.

Um dieses Kapitel nun wirklich abzuschließen: Der Ausschluss per Sozialisation kann als ein versuchter Brückenschlag und als eine Zwischenkategorie innerhalb von Vorsatz und Kategorie zwei „wohlwollender Ausschluss" betrachtet werden, auf den ich nun zu sprechen komme.

Ein wichtiger Nachtrag in Kürze: Weil insbesondere trans Frauen immer wieder mit dem Vorwurf konfrontiert werden, sich Frau Sein anzueignen, und die Leben von trans Personen mit rassistischer, kultureller Aneignung von transfeindlichen, *weißen* Feminist*innen gleichgesetzt werden: Schwarze trans Frauen und trans Frauen of colour existieren und haben durch ihre Kämpfe die transgeschlechtlichen Bewegungen begründet und ermöglicht. Sie sind der Ursprung für das Aufbegehren gegen Polizeigewalt in der Christopher Street in New York. Sie sind der Ursprung für den Christopher Street Day und die Pride.

„Wohlwollender" Ausschluss

Ein wesentlicher Unterschied zum zuvor dargestellten vorsätzlichen Ausschluss ist, dass das Bewusstsein über das geschlechtliche System in der Regel einer Einteilung in Sex und Gender unterliegt. Die hierbei dominante Auffassung ist, dass sich Geschlecht in ein sogenanntes „biologisches" und ein „soziales" Geschlecht aufteilt. Die Vorstellung über Geschlechter fußt also auf einem binär-biologistischen Verständnis, das um den Bereich von Empfindungen, Fühlen und Identität erweitert wird. Hierunter gefasste Feminismen, häufig als cis Feminismen bezeichnet, gehen also oftmals grundsätzlich auch davon aus, dass von Körpern auf Geschlechter geschlossen werden kann. Allerdings zeigen sich verschiedene Feminismen bereits offener gegenüber trans Personen und pflegen, in der Regel, keinen geplanten Ausschluss. Was jedoch keinesfalls bedeutet, dass sie nicht dennoch verschiedene marginalisierende Potenziale beinhalten. Davon auszugehen, dass es grundsätzlich zwei exakt trennbare „biologische" Geschlechter gäbe, ist bereits ausschließend. Mit dieser Einstellung wird jedoch kein aktiver Ausschluss betrieben, es spiegelt ja „lediglich" die hegemoniale Ansicht über Geschlecht aus den Perspektiven von zum Beispiel Medizin, Psychologie und Recht wider. Diese Unterteilung ist die Standardauffassung, wie die meisten Menschen sie mehrheitlich von den Elter*n, in Schulen, im Radio, im Fernsehen und eigentlich überall erlernt und als selbstverständlich begriffen haben. Das wird keine Verteidigung der Zustände, es soll lediglich die Abgrenzung zum vorher erwähnten vorsätzlichen Ausschluss klarstellen. Leute, die dir ständig unbewusst auf die Füße treten, tun dies vielleicht nicht vorsätzlich, aber die Verletzung ist deshalb nicht unbedingt weniger schlimm. Wodurch sich die Abgrenzung ebenso auszeichnet, ist das Bewusstsein, dass Geschlecht eben nicht nur aus Biologismus besteht, sondern ein persönliches geschlechtliches Empfinden, eine Identität und ein Bewusstsein über das eigene Geschlecht besteht, beziehungsweise bestehen kann. Die Kategorie des so genannten „sozialen" Geschlechts, oder Gender, ist ein definitiv bemerkenswerter Fortschritt im Verständnis über Geschlechter. Hierdurch wird es erstmals ermöglicht, Geschlecht als etwas nicht gänzlich und selbstverständlich Vorbestimmtes zu begreifen und zu diskutieren. Dass Geschlecht eben mehr ist als eine vermeintlich unabänderliche „biologische Tatsache". Dies war auch faktisch mein erster Berührungspunkt und erster Denkanstoß, Geschlecht als etwas viel Größeres zu begreifen. Die Problematik, die jedoch entsteht, ist, diesen durchaus fortschrittlichen Zustand dennoch maximal als einen Zwischenhalt zu begreifen. Ich bezeichne dies als „Schon mal nicht schlecht"-Dilemma. Dilemma, weil es hierzu eine größere gedankliche Arbeit und Auseinandersetzung benötigt, aber weiterhin massive diskriminierende Potenziale enthält. Ich erlebte viele kritische und definitiv reflektierte Personen, die davon ausgingen, mit diesem Bewusstsein bereits die Vollendung, das absolute und allumfassende Wissen erreicht zu haben. Ein Zustand, der Personen, die sich bereits lange damit auseinandersetzten, glauben lässt, dass eine Kritik ihrer Position einer völlig „übersensiblen" Übertreibung gleichkäme. Das ist die Schwierigkeit daran, von sich selbst als perfekt reflektiert auszugehen. Korrekt, wir haben zwar einen offeneren, reflektierteren Ansatz, der allerdings immer noch auf einem biologistischen System der Zweigeschlechtlichkeit beruht. Dieser Umstand ist nicht einfach zu vernachlässigen, nicht einfach zu übergehen. Das Festhalten am Konzept der

Zweigeschlechtlichkeit ist die grundlegende Bedingung für Cissexismus und Transfeindlichkeit und ebenso der Ursprung für Interfeindlichkeit. Binarität als gesetzter Normalzustand konstruiert trans/enby/inter Personen als Abweichung, als Fehler. Selbst bei aller Offenheit und allen Versuchen, Räume inklusiver zu gestalten, gelten sie weiterhin oftmals als „nicht normal". Allerdings kann es zu unterschiedlichem Verhalten gegenüber amab und afab trans Personen kommen. Verhaltensweisen, in denen sich das Festhalten an der Kategorie des „biologischen" Geschlechts deutlich zeigt. Ich möchte zeigen, dass vorrangig amab trans Personen aus Feminismen herausgedrängt werden. Teilweise vorsätzlich, aber auch durch verinnerlichte, diskriminierende Vorstellungen. Dieser Zustand erleichtert den Alltag für afab trans Personen nicht zwingend, und es ist auch keineswegs meine Absicht, hierbei eine Form von Bevorteilung zu unterstellen. Misgendering, das der vermeintlichen Inklusivität dienen soll, ist kein Vorteil. Dass es mit Sicherheit afab trans Personen gibt, die entsprechend kompliz*innenhaft an Ausschlüssen beteiligt sind, muss dennoch bedacht werden. Allerdings ist dies jetzt und hier nicht mein Punkt.

Amab trans Personen werden, wie beschrieben, auf unterschiedlichste Weisen ausgeschlossen. Als offensive Form wird ihnen vorgeworfen, Feminismen zu infiltrieren, Schutzräume unsicher zu machen und feministischen Aktivismus zu bekämpfen. Eine solche Haltung ist transfeindlich und kann nur durch Biologismus zustande kommen.

Personen, die hierauf aufmerksam machen, wird Hetze und eine patriarchale Einstellung unterstellt, wenn sie sensible Thematiken ebenso als die ihren realisieren und entsprechend Stellung beziehen. Themen wie Schwangerschaft und Menstruation, also reproduktive Rechte, sind hierbei besonders konfliktreiche Schlagwörter, die trans Personen allerdings auf verschiedenste Weisen massiven Schaden zufügen können. Hier gilt, wie immer, Cissexismus schädigt durch gewaltsamen Ein- und ebenso Ausschluss. Wo für afab trans Personen das Inklusivität vorgebende „Frauen*" verwendet wird, kaschiert dies nur oberflächlich, dass damit für amab trans Personen quasi ein „Männer*" gedacht wird. Da trans Weiblichkeiten eben als „eigentliche" Männer betrachtet, gedacht und so bezeichnet werden. Aufgrund von Cissexismus wird aus einem (vermeintlichen) Organstatus ein Geschlecht abgeleitet. Deshalb werden trans maskuline/enby afab Personen häufig dem Label „weiblich" untergeordnet. Da Cissexismus hierfür die Grundlage ist, geschieht diese Zuweisung, weil eine Fähigkeit zum Gebären unterstellt wird. Korrekt, das bedeutet nichts geringeres, als dass Frau Sein stets an die grundsätzliche körperliche Möglichkeit von Menstruation, Gebären, Reproduktion geknüpft wird. Falls ihr es mittlerweile nicht mehr glauben solltet, ja, so argumentieren cisnormative und transfeindliche Feminismen tatsächlich und bezeichnen sich dabei noch als antipatriarchal. Und hierbei ist zu bedenken, dass ich gerade die Kategorie des „wohlwollenden" Ausschlusses beschreibe, also politischen Aktivismus, der trans Personen zunächst nicht vorsätzlich ausschließt. Um das noch einmal klarzustellen: Ginge es hier tatsächlich auch um die Verbesserung der Lebensverhältnisse von trans Personen, würden deren Geschlechter respektiert werden. Ihnen würde nicht das Geschlecht aufgrund einer vermeintlichen Gebärfähigkeit abgesprochen, um sie zwangsweise als „Frauen" zu integrieren.

Gerade für amab trans Personen ist die Kritik dieser bestehenden Einstellungen ein gewaltiger Drahtseilakt. Wir laufen ständig Gefahr, als Aggressor*innen betrachtet zu werden, die diese unfassbar wichtigen Diskurse unterlaufen wollen. Wenn amab trans Personen Kritik an gängigen Abläufen, etwa bezüglich des Themas Menstruation üben, wird ihnen häufig zu verstehen gegeben, dass dies nicht „ihr Platz" sei und sie sich herauszuhalten hätten. Es passieren also wiederum zum einen unbewusste Ausschlüsse aufgrund von Unreflektiertheit, aber ebenso völlig bewusste, da uns eben über Cissexismus das Geschlecht abgesprochen wird. Auch hierbei muss ich noch einmal auf den umgekehrten Fall hinweisen. Die tendenziell höhere Sichtbarkeit von trans Frauen führt dazu, dass trans Sein zumeist mit ihnen verbunden wird. Wenn also besonders ihre Kritik an menstruationsbezogenem Biologismus gehört wird, wird sie ebenso häufig als eine Form des Silencing aufgefasst und die Stimmen von afab trans Personen ignoriert. Eben jenen Personen, die potenziell über die thematisierten Körperfunktionen verfügen, ohne jedoch Frauen zu sein. Ich sprach das Prinzip wiederholt an.

Neben dem bestehenden Cissexismus zeigt dies jedoch ebenso den oftmals noch weniger bedachten Dyadismus, also die Feindlichkeit gegenüber und die Ausschlüsse von intergeschlechtlichen Personen. Denn trans und inter Sein sind keine sich ausschließenden Kategorien. Menschen können beides sein. Dieser Punkt ist besonders wichtig, weil ebenso in trans aktivistischen Konzepten inter Sein zumeist getrennt vom trans Sein gedacht wird. Ein kurzes Beispiel, das die Katze ganz gewaltig aus dem Sack lässt: trans Frauen können eine Menstruation und die Fähigkeit zum Gebären haben, und dies ohne transplantative Eingriffe.

* DONNERGROLLEN *

Wenn trans Frauen/Femmes/Weiblichkeiten auf die Ausschlüsse in Reproduktionsdiskursen hinweisen, dann doch einzig zu dem Zweck, diese immens wichtigen Themen intersektionaler zu gestalten, sie zu öffnen, sie respektvoller, reflektierter und schlicht besser zu machen. Wir möchten die bestehenden transfeindlichen Verhältnisse transfreundlich gestalten, und klarmachen, dass es nicht verhandelbar ist, ob diese inklusiv sein könnten. Diese Inklusivität kann aber nicht durch eine geschlechtliche Fremdbestimmung, ein „Mitgemeint" erfolgen. Eine „Inklusion" von trans Personen durch Misgendering, wie unter „Das Problem mit dem *" beschrieben, ist wertlos. Das ist nichts Geringeres als eine Form von Re-Marginalisierung. Wir dürfen dann zwar gewisse Räume, ob online oder offline, betreten, jedoch nur unter der Voraussetzung, dass uns unser Geschlecht abgesprochen wird. Ich mag es zwar oftmals nicht fassen, allerdings muss ich mich notgedrungen damit befassen. Es ist Realität, dass das Patriarchat Menschen durch Biologismus in zwei Geschlechter einteilt, um eine Ordnung herzustellen. Dass daraus Menschen aufgrund der weiblichen Zuweisung eine Vielzahl von Diskriminierungsmechanismen entgegengebracht wird, steht nicht zur Debatte. Doch dass daraus in cisnormativen Feminismen überwiegend keine Reflexion dieser biologistischen Verhältnisse entsteht, und diese vielfach wiederum reproduziert werden, ist unhaltbar. Diese Verhältnisse und die Einteilung in zwei geschlechtliche Kategorien ist der Ursprung für Sexismus, Cissexismus und Interfeindlichkeit. Deshalb sollte es für Feminismen, besonders für sich als „radikal" bezeichnende, unerlässlich sein, diese zu fassen und zu kritisieren.

Ich möchte zum Abschluss dieser Kategorie anmerken, dass hier viele Aspekte auftreten, die scheinbar perfekt unter vorsätzlichen Ausschlüssen zusammengefasst werden könnten. Das ist völlig korrekt, jedoch erlebte und erlebe ich ähnliche Verhaltensweisen eben gerade dort, wo trans Personen zunächst nicht als Infiltrator*innen, als Angreifer*innen und als oberstes zu bekämpfendes Ziel der politischen Agenda gelten. Ich erlebe es eben häufiger von sich als offen verstehenden Personen. Personen, die durch ihre jedoch meist begrenzte Offenheit und ihre Stellung die Möglichkeit haben, eine Machtposition auszuspielen. Eine Position, in der Diskurse bestimmt werden und festgelegt wird, wer daran teilnehmen kann. Zusätzlich kann eine solche Machtposition beinhalten, dass trans Menschen mit einer gönnerhaften Haltung gegenübergetreten wird. Gönnerhaft insofern, dass trans Personen quasi Dankbarkeit dafür zu zeigen hätten, überhaupt geduldet zu werden. Neben der Gefahr einer solchen Einstellung schwingt auch stets mit, dass die Stimmung schnell umschwingen kann, sobald Kritik an Diskursen und Verhaltensweisen geäußert wird. Ich beschrieb dies zuvor am Beispiel der Menstruationsdebatten. Plötzlich können Situationen entstehen, wie sie zuvor eher aus antifeministischen Kreisen bekannt sind. Uns werden hierbei zum Beispiel übertriebene Emotionalität und Überempfindlichkeit vorgeworfen. Derartiges Verhalten sollte vielen, sich als feministisch verstehenden Personen eigentlich ausreichend bekannt sein. Daraus spricht die Überzeugung, mit dem eigenen Denken und der eigenen Reflexion bei einer Art Vollendung angelangt zu sein. Alles was darüber hinausgeht, könne lediglich als Übertreibung begriffen werden. Klingt fast nach einer üblichen Kritik an „übertriebener politischer Korrektheit". Weshalb ist dies zusätzlich so gefährlich? Der Ausgangspunkt, sich prinzipiell offen gegenüber trans Personen zu zeigen, stellt eben einen massiven Unterschied zur Transfreundlichkeit dar. Diese Offenheit ist, von Beginn an, an die Bedingung geknüpft, dass trans Menschen, als eine Minderheit, eher ein schmückendes Beiwerk sein sollen. Etwas, womit sich Leute als reflektiert bezeichnen können. Allerdings zeigt dies klar, dass die Offenheit dort endet, wo trans Personen das Wort ergreifen und für sich sprechen. Klarstellen, dass sie keine Anhängsel, sondern Betroffene von denselben Diskriminierungsmechanismen sind, neben der ohnehin bestehenden Transfeindlichkeit. Ab hier werden sie als ein Störfaktor der gesetzten binären Diskurse aufgefasst. Denn sie machen klar, dass auch das in cis Feminismen dominante Geschlechtersystem diskriminierend und daher abzuschaffen ist. Über den „bloßen" Störfaktor hinaus können sie nun jedoch auch als misogyne Aggressor*innen dargestellt werden und hierin offenbart sich die Queerfeindlichkeit. Queerfeindlichkeit in Form feindseliger Reaktionen darauf, dass queere, zumeist trans Personen, einen gewichtigen Einfluss auf Diskurse nehmen können, indem sie dazu beitragen, dass die gesamte Konstruktion des Geschlechtersystems offengelegt wird.

Nun stellt sich die Frage, weshalb es feministischen Diskursen zuwider sein könne, wenn diese Vorstellungen über eine „biologische" Begründbarkeit von Geschlecht abgeschafft würden? Mit der Auflösung des binär geschlechtlichen Systems würde die argumentative Grundlage von cis Feminismen wegfallen. Die definitiv notwendige Arbeit, Sexismus zu kritisieren, basiert jedoch stets auf Zweigeschlechtlichkeit und kann damit wiederum selbst geschlechtlichen Biologismus reproduzieren. Dies ermöglicht Machtpositionen gegenüber Mehrfachmarginalisierten. Diese können sich lediglich an Diskursen beteiligen und Ansichten äußern, sofern sie die Binarität nicht infrage stellen. Was widersprüchlich klingt, ist eine Erwägung, um die eigene Position in feministischen Diskursen aufrechtzuerhalten. Ein Aufrechterhalten, in dem Sexismus kritisiert wird und ebenso, in gewissen Grenzen, auch Biologismen, sofern sie sich auf vergeschlechtlichte Verhaltensweisen und Geschlechterrollen beziehen. Wird jedoch die grundlegende Ordnung in Zweifel gezogen, so schwindet auch die Macht, als beispielsweise *weiße*, ableisierte, dyadische, cisgender Frau als Maß der Dinge für Frau Sein und Weiblichkeit zu gelten. Als Person, die, per System, nicht die Möglichkeit besitzt, selbst diskriminieren zu können. Nicht rassistisch, nicht ableistisch, nicht interfeindlich, nicht transfeindlich agieren zu können. Als Person, die danach strebt, gleichrangig mit Männern um die Macht, im Sinne von Ressourcen, Repräsentation und Reichweite, konkurrieren zu können und nicht danach, sie abschaffen zu wollen. Ein Streben danach, Zweigeschlechtlichkeit aufrechtzuhalten und eine Geschlechtertrennung beizubehalten, die jedoch möglichst hierarchiefrei ist. Und hierin besteht die große Gefahr: die Überschneidung, quasi das Einfallstor für Kategorie eins. Der bis zu einem gewissen Punkt als inklusiv auftretende Feminismus wird plötzlich selbst zum aktiv ausschließenden, weil zum Beispiel trans Personen einen massiven Störfaktor dafür darstellen können, das Fundament für die eigenen Überzeugungen ins Wanken zu bringen. Die zusätzliche Gefahr hierin ist, dass aktiv transfeindliche Feminist*innen und cis Feminismus grundsätzlich die gleichen Ansichten über Geschlecht haben und beide den Biologismus teilen. Cis Feminismen können somit als eine Art Vehikel betrachtet werden, in denen vorsätzlich transfeindliche Einstellungen transportiert, jedoch weniger offensichtlich geäußert werden können. Kategorie zwei wird somit zu einer Art Erfüllungsgehilfen, da sie Geschlecht im Kern ebenso definiert wie Kategorie eins. Die Einstellungen offenbaren sich jedoch mitunter erst durch die Kritik von trans Personen und sind vorrangig nicht das eigentliche Ziel. Im Endeffekt agieren diese Personen nicht weniger ausschließend und sie verfügen zusätzlich über eine deutlichere Machtposition, um Diskurse bestimmen zu können. Es zeigen sich, wie beschrieben, deutliche Überschneidungen und können daher für mehrfach Marginalisierte eine erhebliche Gefahr darstellen.

Unbeabsichtigter Ausschluss/Ausschluss durch Reproduktion

Die letzte Kategorie mutet geradezu harmlos an und stellt die wohl am häufigsten auftretende Form des Ausschlusses dar. Diese Kategorie spiegelt sich in jeder unbedachten Aussage über die fälschliche Verknüpfung von Körpern, Geschlechtern und vergeschlechtlichtem Verhalten wider. Sie ist so alltäglich, dass sie bestenfalls als „Versehen" und im schlimmsten Fall als „ist nun einmal so, dass …/ aber die Natur …/ aber biologisch betrachtet …/ aber normalerweise …" zur Sprache kommt. Deshalb zielt meine Argumentation und Kritik auch eben vorrangig auf die transfeindliche gesellschaftliche Gesamtstruktur ab. Ich möchte auch daran erinnern, dass die Häufung dieser „harmlosen" Begebenheiten den Ausschluss von trans Personen begünstigen und/oder der Hauptgrund sein können. Völlig ohne eine Beabsichtigung dessen. Ich will aufzeigen, dass fortwährender Cissexismus ein permanentes Sicherheitsrisiko für trans Personen darstellt und für erheblichen Druck sorgt. Dieser Druck treibt trans Personen in die Enge und ist gleichzeitig ein Drahtseilakt. Ein Drahtseilakt, weil sie dadurch ständig im Zweifeln zwischen Ertragen und Ansprechen leben. Beides kann Ausschlüsse zur Folge haben. Möglicherweise wird in geäußerte Kritik ein Angriff interpretiert, der mit Ignoranz und offenem Ausschluss beantwortet wird, wie zuvor unter Kategorie 2 beschrieben. Sich ständig selbst zurücknehmen und (unbewusste) Diskriminierungen erdulden und ertragen zu müssen, kann dennoch ebenso zum eigenen Rückzug aus der Öffentlichkeit führen und kommt somit einem Ausschluss durch Unreflektiertheit gleich.

Ich möchte im Folgenden nicht jede Eventualität an transfeindlichen Standardaussagen und Aktionen aufführen, jedoch einige Beispiele nennen, die trans Personen im Alltag begegnen.

„An dem Mädchen ist ein Junge verloren gegangen."

„Ich wäre gerne mal ein Mann, damit ich im Stehen pinkeln könnte."

„Dafür brauchst du eben Eier/Eierstöcke."

„ABER DAS TRIFFT DOCH NICHT NUR TRANS PERSONEN!"

Zunächst einmal, ja, diese Aussagen treffen nicht ausschließlich Personen, die trans sind. Es ist wichtig, hierbei zu bedenken, dass trans Personen alle Geschlechter, Sexualitäten, Begehrensformen haben können und romantische Anziehungen erleben – oder eben auch nicht –, wie cis Personen auch. Und dann bedenkt bitte, wer die „besten Chancen" hat, hierin zusätzlich unsichtbar gemacht zu werden. Wie an anderer Stelle auch, werde ich hier ebenso die einzelnen Aussagen in ihre Bestandteile zerlegen, um die diskriminierenden Potenziale von scheinbar harmlosen Sätzen deutlich zu machen.

„An dem Mädchen ist ein Junge verloren gegangen."

Hierin offenbaren sich direkt eine von mehreren Ebenen. Diesen Satz hörte ich in Bezug auf ein sehr aktives, durchsetzungsstarkes Kind, dem das Geschlecht „weiblich" zugewiesen wurde. Ich spreche hierbei deshalb so ausdrücklich von geschlechtlicher Zuweisung, da das Kind zum damaligen Zeitpunkt gerade 4 Jahre alt war. Zunächst einmal sind sexistische Einstellungen der wohl offensichtlich problematischste Teil der Aussage. Es wird davon ausgegangen, dass ein Mädchen, das besonders lebhaft und fordernd erscheint, sich nicht „typisch weiblich" verhalte und somit eher „männlich" erscheint. Bis hier hin würden wohl viele Feminismen uneingeschränkt mitgehen und den sexistischen Charakter des Statements zu Recht kritisieren. Dass diese Äußerung zusätzlich auf cis sexistischer Geschlechtszuweisung beruht, würde jedoch häufig unerwähnt bleiben. Die Möglichkeit, dass das Kind die Zuweisung als falsch empfindet oder bald so empfinden könnte, wird hierbei außer Acht gelassen, die Aussage wird somit unweigerlich exkludierend für trans Personen. Trans Personen fallen nicht vom Himmel und werden nicht durch einen plötzlichen Treffer vom Blitz trans. Auch wenn sie nicht grundsätzlich als Kind über sich selbst Bescheid wussten, muss die Existenz von trans Kindern unbedingt bedacht und respektiert werden. Nicht, dass Missverständnisse auftreten, dies soll keine Argumentation dafür sein, dass ein sehr aktives afab Kind „eigentlich" trans und ein Junge sei. Ich möchte hiermit lediglich auf ein Mehrebenen-Problem hinweisen, das von cis Feminismen meist ignoriert und für gewöhnlich lediglich aufgrund des sexistischen Inhalts vereinnahmt wird. Achtung, wichtig! Das ist KEIN Statement dafür, dass sich nicht „geschlechtskonform" verhaltende Kinder eigentlich transgeschlechtlich seien.

„Ich wäre gerne mal ein Mann, damit ich im Stehen pinkeln könnte."

Wo soll ich anfangen? Es gibt vielerlei Möglichkeiten für Frauen, im Stehen zu urinieren. Zum Mann „werden" muss dazu keine. Ich fange mit der simpelsten Methode an, stellt euch doch einfach mal dabei hin, wenn ihr dies als so wünschenswert erachtet. Darüber hinaus gibt es verschiedene Urinierhilfen, um den Vorgang komfortabler zu gestalten. Es gibt faltbare Einmal-Optionen aus Papier und ebenso zu reinigende Hilfen aus Kunststoff. Aber wartet, ich sehe schon, darum geht's euch hier gar nicht. Ihr wollt „mal Männer sein", um einen Schwanz zu haben, mit dem sich im Stehen pinkeln und sich ganz und gar anders Sex haben lässt, und mit dem selbstverständlich auch euer Lohn um 20% gesteigert wird. Fragt mal trans Personen, wie einfach das geht, die kennen alle geheimen Tricks diesbezüglich. Zurück zur Realität ... oh, die habe ich ja nie verlassen. Ich unterstelle vielen cis Personen mit diesen oder ähnlichen Aussagen noch keinen Vorsatz, nur die maximale Ignoranz gegenüber trans Menschen, vor allem denen, die über einen von euch gewünschten Intimbausatz verfügen. Ja, verschiedene trans Personen, darunter eine Menge Frauen, können rein technisch problemlos im Stehen urinieren. Für viele stellt dies jedoch eine unüberwindliche Hürde dar. Ich sage nicht, dass jede trans Person damit schwerwiegende Probleme hat, allerdings kann dies schwerste Dysphorieschübe bei trans Personen auslösen und kommt daher oftmals nicht in Frage. Ich möchte euch hiermit eindringlich darauf hinweisen, dass Frauen existieren, die Penisse haben, und dass Aussagen wie die dargestellte in hohem Maße verletzend und ausschließend sind. Das Gleichsetzen von Körpern mit Geschlechtern geschieht auf verschiedenste Weisen. Allein dieser plumpe Cissexismus kann sich mehrdimensional auswirken. Wenn es euch lediglich um körperliche Funktionen geht, dann kommuniziert das entsprechend und realisiert, wie schmerzhaft solch unbedachte Aussagen für trans Menschen sein können.

„Dafür brauchst du eben Eier/Eierstöcke."

Diese Aussage begegnete mir unlängst. Keine Frage, sie stellt eine sprachliche und gedankliche Entwicklung zum häufig geäußerten „dafür brauchst du Eier/du hast echt Eier bewiesen" dar. Zunächst einmal: Eier, sprich Hoden, sind unfassbar empfindliche Teile des Intimbausatzes, die sich in einer bestimmten Umgebungstemperatur befinden müssen, um der teilweisen Bereitstellung von Spermien nachkommen zu können und diese am Leben zu halten. Kleinste Hiebe, Stöße oder Quetschungen können heftigste Schmerzen nach sich ziehen. Die vermeintliche Stärke einer Person mit Hoden zu vergleichen ist also per se äußerst gewagt.

Nebenbei ist es eine hochgradig biologistische Redensart, da mit dem Vorhandensein von Hoden, am besten in einer bestimmten Größe, zum Beispiel Durchsetzungsstärke verbunden wird. Ich möchte an dieser Stelle darauf verweisen, dass zum Beispiel trans Frauen für den Besitz von Hoden, egal in welcher Größe, keinesfalls privilegiert werden. Im Gegenteil, sie können im Alltag ein erhebliches Sicherheitsrisiko für sie darstellen, wenn sie sich zum Beispiel unter der Kleidung abzeichnen. Aus diesem Grund betreiben viele trans Personen das sogenannte Tucking. Dazu gibt es verschiedene Praktiken, die darauf abzielen, dass sich die Hoden keinesfalls abzeichnen können.

Um nun auf die Aussage zurückzukommen: Hierbei wird Biologismus umgekehrt und Stärke wird nun mit dem Vorhandensein von Eierstöcken gleichgesetzt. Ein kleiner Fortschritt, doch lediglich auf dem Weg, feministischen Biologismus zu etablieren und dabei redegewandt zu wirken. Stärke wird hierbei ebenso an Organen festgemacht, dya cis weiblich vergeschlechtlicht, und es wird ebenso ausgeschlossen, was nicht dazu passt.

Um abschließend praktische Beispiele anzuführen, verweise ich auf zwei Hashtags, die bei Twitter etabliert wurden. Ich ordne beide einem cis Feminismus zu, der nicht vorsätzlich ausschließen will, dessen gedankliche Grundlagen jedoch im Biologismus verankert sind. Ausschlüsse sind daher bereits vorprogrammiert. Es geht mir bei folgenden Beispielen nicht darum, eine umfassende Entschuldigung zu erwirken. Ich griff mir diese heraus, weil sie eindrücklich zeigen, wie feministische Aktionen, ohne offenen Hass und ohne vorsätzlichen Ausschluss, dennoch massiv biologistische Vorstellungen reproduzieren können.

#Bartgeld

#Bartgeld wollte originell auf die Gender pay gap, also die bestehenden, sexistisch begründeten Gehaltsunterschiede hinweisen. Dazu zogen sich Initiator*innen und Unterstützer*innen Kostümbärte an. Es sollte, so die Vorstellung, durch das Vorhandensein von „männlicher" Körperbehaarung eine entsprechende Entlohnung gewährleistet werden können. Weshalb dieser Gedankengang? Der Biologismus sexistischer Gehaltspolitiken wird von verschiedenen Feminismen in der Regel erkannt. Jedoch gestaltet sich die Formulierung der entsprechenden Kritik oftmals nicht minder biologistisch. Diese Form der Kritik geht allerdings ein Stück weit weg vom üblichen, recht plumpen „Uterus und Vulvina versus Penis und Hoden"-Ansatz. Des Öfteren zielen feministische Kritiken also darauf ab, rein biologistische, intimorganbezogene Aussagen zu machen. #Bartgeld entfernte sich wie gesagt davon, sucht sich jedoch ein anderes, vermeintlich eindeutiges geschlechtliches Merkmal, um die höhere Bezahlung von Männern zu kritisieren. Das hierbei jedoch ebenso alle Personen mit ausgeprägtem Haarwuchs im Gesicht, ebenso Frauen, zwar nicht beabsichtigt, allerdings dennoch übergangen werden, wurde hierbei in keiner Weise bedacht. Wie spezielle Diskriminierungen von trans Personen in der (oder bei der Suche nach) Lohnarbeit wirken, zeigt die Studie von Sauer und Franzen (vgl. Franzen/Sauer 2010).

#Gerwomany

#Gerwomany wurde unmittelbar vor der Bundestagswahl 2017 vom Magazin Glamour in Kooperation mit verschiedenen anderen Zeitschriften und Organisationen gestartet. Das Hashtag beabsichtigte, gezielt Frauen dazu zu bewegen, an der Bundestagswahl teilzunehmen. Neben der Hashtagbezeichnung, die sich explizit an „die deutsche Frau" wendet und auf die Vielzahl dieser verweisen soll, wurde eine zusätzliche Mobilisierungsstrategie angewandt.

Neben der Aufforderung „Gestalte selbstbestimmt mit – Geh wählen." bestand eine weitere Taktik, um eine vermeintlich geschlechtlich eindeutige Verbindung, einen Zusammenschluss und ein gezieltes Ansprechen von Frauen zu ermöglichen:

„XX Frauensache Bundestagswahl 24.09.2017"

Durch diese Formulierung verbanden die Initiator*innen das Wahlprinzip der zwei Stimmen perfekt mit geschlechtlichem Biologismus. Der für Frauen als eindeutig und unumstößlich festgelegte Chromosomensatz XX gilt hierbei als maßgebliches Element, um einen Zusammenschluss von Frauen zu ermöglichen. Keine eigene Überzeugung, kein eigenes Selbstbewusstsein, keine Selbstbestimmung, nein, simpler patriarchaler Biologismus. Neben dem cissexistischen und interfeindlichen Ausschlusskriterium ist ebenso der nationalistische Anspruch zu kritisieren. Hierbei soll sich gezielt an deutsche Frauen und ebenso an deren Vielzahl, im Titel des Hashtags so dargestellt, gerichtet werden. Es wird, selbstverständlich kurz und prägnant, auf etwas hingewiesen, jedoch fest verankert mit Deutschland. Es geschieht also eine biologistische und nationalistische „Solidarisierung", die nicht-wahlberechtigte Personen exkludiert und weitere Intersektionen völlig außer Acht lässt.

Das Problem mit der „Geschlechtsidentität"

Es gibt verschiedenste Problematiken in Zusammenhang mit der Geschlechtsidentität. Wenn ich mich auf die psychiatrische Perspektive beziehe, dann aus dem Grund, dass mein Geschlecht pathologisiert wird, um eine Abweichung vom „Normalzustand" „nachvollziehbar" und „erklärbar" machen zu können. Mein trans Sein als Teilaspekt meines Frau Seins zu begreifen, ist weithin unvorstellbar. Somit gibt es die Diagnosen F.64. – „Störungen der Geschlechtsidentität". Wie in der Psychiatrie, so auch innerhalb von Feminismen, in denen trans Sein negativ als beiläufiges Gefühl abgetan wird, das lediglich Leid in Personen auslöst. Der Begriff der Geschlechtsidentität wird leider in vielen Feminismen meist lediglich für trans Personen verwendet, da deren Geschlecht, aufgrund von Cissexismus, als weniger „echt" aufgefasst wird. Wo cisgeschlechtliche Personen ein Geschlecht haben, gilt in der Regel für trans Menschen maximal das Zugeständnis eines Empfindens, eines Fühlens, einer Identität. Deshalb möchte ich vorwiegend cis Personen ans Herz legen: wenn ihr diesen Begriff ausschließlich für trans Personen verwendet, solltet ihr umgehend realisieren, dass ihr für trans Personen hierdurch einen Sonderstatus etabliert. Deshalb bitte ich euch ihn entweder für alle Personen oder gar nicht zu verwenden.

„Biologismus gegen die Pathologisierung"

Selbstverständlich sind trans Personen keine homogene Gruppe. Sie haben völlig unterschiedliche Lebenserfahrungen, Hintergründe sowie Zugänge zu ihrem Geschlecht und ihrem politischen Verständnis von Transfeindlichkeit. Überraschung. Nun möchte ich mich einem tiefsitzenden Konflikt zwischen Entpathologisierung und der Problematik der Kostenübernahme medizinischer Behandlungen widmen. Butler verweist auf die Kritik zum Zwang der Diagnosestellung, um das trans Sein tatsächlich belegen zu können (vgl. Butler 2012: 124). Diese Ansicht wird mit der daraus resultierenden Stigmatisierung von Personen begründet (ebd.). Diese Stigmatisierungen belaufen sich hiernach auf eine Darstellung als unnatürlich und abweichend. Daher verweist Butler darauf, dass diese Diagnosestellung mitunter von trans Aktivist*innen und/oder sogar Psychiater*innen kritisiert und abgelehnt wird (ebd.), weil der Begriff der Störung der eigentlichen Selbstbestimmung und den Autonomiebestrebungen von trans Personen zuwiderläuft (ebd.).

Über die kritischen Aspekte hinaus verweist Butler darauf, dass die Diagnostik der sogenannten „Geschlechtsidentitätsstörung" zum gegenwärtigen Zeitpunkt mitunter noch als notwendig betrachtet wird, um Kostenübernahmen von Krankenversicherungen zu erhalten (ebd.). Sie beschreibt dies als „ökonomisch machbaren Weg." (Butler 2012: 124). Hierdurch werden Kontroversen innerhalb des trans Aktivismus offengelegt. Wie etwa der Konflikt, dass trans Sein als Krankheit eingestuft wird, und dieser Vorgang abzulehnen sei. Und als Widerspruch dem gegenüber der Verweis auf die Notwendigkeit der Diagnostik, um eine Kostenübernahme durch Krankenversicherungen zu erhalten (ebd.).

Auch unter trans Personen sind geschlechtliche Biologismen verbreitet. Wir sind weder unfehlbar noch frei von allen normierenden Einflüssen, Erziehung und Lehren, die wir im Laufe unserer Leben durchliefen. Dennoch gibt es mitunter speziellere Formen des Biologismus unter trans Personen als die bekannten Aufforderungen, normiertes

Verhalten, Auftreten, Stimme und Gestiken zu „erfüllen". Der medizinisch-psychiatrische Drang zur Pathologisierung von trans Personen ist stets mit der Kostenübernahme durch Krankenkassen verknüpft. Ohne Diagnose keine Begleittherapie, keine Haarentfernungen, keine Hormonersatztherapie, keine Operationen. Das verdeutlicht ein Dilemma, wonach zwar die grundsätzliche Pathologisierung überwunden werden soll, in dem sich trans Personen aber gleichzeitig einer Schwierigkeit gegenüber sehen: Dem Problem der weiteren Verantwortung und Verpflichtung der Krankenkassen, die Behandlungskosten zu übernehmen. Fällt die „Geschlechtsidentitätsstörung" aus der ICD heraus, so die Befürchtung, gibt es keine rechtliche Grundlage für finanzielle Verpflichtungen mehr. Das führt zum einen zu Unstimmigkeiten unter trans Personen und zum anderen lässt es manche ganz neue Wege gehen. Vorrangig die Organisation Aktion Transsexualität und Menschenrecht e.V. (de Silva 2015: 27-28)). Diese hat zwar zum Ziel, die Rechte von trans Personen zu stärken, legt jedoch ein neurobiologisches Geschlechtsverständnis zu Grunde (vgl. ebd.). Hieraus ergibt sich der Widerspruch, dass die Organisation zwar eine geschlechtliche Fremdzuweisung ablehnt, jedoch durch die Annahmen einer Vorstrukturierung von Gehirnen wiederum Zweigeschlechtlichkeit reproduziert (vgl. de Silva 2015: 27). De Silva beschreibt, dass nach Ansicht der Organisation trans Personen durch die Gehirnstruktur bereits vorbestimmt Männer oder Frauen seien (vgl. ebd.). Trans Sein wird von ATME e.V. hiernach als ein angeborener Zustand betrachtet, der sich körperlich nachweisen lässt (ebd.). Um auf die Überschrift dieses Kapitels Bezug zu nehmen: Was hierbei getan wird, ist der Versuch, durch einen „trans positiveren" Biologismus einen Weg zu finden, um die Einstufung als krank zu überwinden. Denn durch die Aufhebung, so die Hoffnung, wird auch die Stigmatisierung von trans Personen verschwinden.

Um diese loszuwerden, muss nicht zwingend entpathologisiert werden, sondern das Denken über Krankheiten und DEREN Stigmatisierung muss beendet werden. Es wäre sinnvoller, Ableismus insgesamt zu erkennen und zu bekämpfen, statt mühselig und definitiv auch heuchlerisch zu begründen, weshalb trans Personen, im Gegensatz zu anderen, keinen Ableismus „verdient" haben. Denn nichts anderes liegt hierbei vor. Die Stigmatisierung eines als Krankheit eingestuften medizinischen Zustandes besteht, jedoch wird nicht die Stigmatisierung kritisiert, sondern argumentiert, dass trans Personen „fälschlicherweise" davon betroffen sind.

„Fälschlich", weil ja nachweisbar sei, dass deren Gehirnstrukturen eindeutig „weibliche" oder „männliche" Strukturen hätten. Dies wirft eine Reihe von Fragen auf: An welchen Gehirnen wird sich orientiert, um die vergeschlechtlichten Strukturen nachzuweisen? Sicherlich an denen von dyadischen cis Personen, die so doch wiederum zum „Normalzustand" erklärt werden. Welche Folgen hätte dies für non-binary Personen, wenn doch einzig und allein zweigeschlechtliche Gehirne existieren? Was passiert, wenn bei trans Personen eine „Prüfung" feststellt, dass deren Gehirn eben keine entsprechenden Strukturen aufzeigt? Vielleicht eine sofortige Einstellung aller medizinischen Maßnahmen? Was sagt die Argumentation über den Umgang mit Ableismus in der Gesellschaft aus, wenn nicht dieser, sondern die Einstufung als krank problematisiert wird?

Selbstverständlich unterstütze ich den umfassenden Wunsch, nicht stigmatisiert zu werden, ich erlebe schließlich selbst täglich Stigmatisierung. Allerdings muss hierbei grundsätzlich über die eigene Einstellung und den eigenen Ableismus in Form von Redewendungen wie: „Nicht krank, sondern trans…" etc. Klarheit hergestellt werden. Es würde weitere Intersektionen miteinbeziehen und realisieren, dass auch trans Personen verschiedenste Erkrankungen und Be_Hinderungen haben und erleben, die jedoch kein Grund für weitere Ausschlüsse sein dürfen. Es würde den eigenen Umgang mit ableistischen Einstellungen verbessern und eine gedankliche Öffnung stattfinden. Die einfache Lösung, nicht mehr als krank zu gelten und dadurch Stigmatisierungen zu entgehen, ist viel zu kurz und ebenso diskriminierend gedacht.

„Circle of Shit"

Ich möchte nun eine besondere Systematik vorstellen, die negativ auf trans Personen einwirkt. Wie so häufig innerhalb dieses Buches, sind es leider oftmals Diskriminierungen und Leidvolles, die sich im Leben von trans Personen zutragen. Mit dem „Circle of Shit" bezeichne ich allerdings ein sehr spezielles Phänomen, mit dem trans Personen begegnet wird. Die Systematik ist simpel, wirkt sich jedoch besonders kompliziert im Alltag von trans Menschen aus. Hiermit bezeichne ich die Erlebnisse, bei denen trans Personen entweder der Vorwurf gemacht wird, „es" nicht ernst genug zu meinen, oder entgegengesetzt, geschlechtliche Stereotype zu reproduzieren. Es ist eine besonders schmerzhafte Konstellation, weil trans Personen letztendlich ohnehin alles „falsch" machen und nicht gewinnen können.

Feminismen sollten sich kritisch mit den strukturellen Zwängen auseinandersetzen, die Personen auferlegt werden, sich auf bestimmte Arten und Weisen zu kleiden, Make-up zu verwenden, bestimmte Gestiken einzuhalten, in bestimmten Tonlagen zu sprechen oder schlicht eine bestimmte Präsenz in Räumen einzunehmen.

Die Schwierigkeit hierbei ist, dass dieses Wissen und die daraus formulierte Kritik oftmals lediglich auf cis Frauen zugeschnitten ist. Hieraus können sich für trans Personen weiterführende Schwierigkeiten ergeben. Trans Frauen werden beispielsweise der „Reproduktion weiblicher Stereotype" beschuldigt, wenn sie ein feminines, leider oft als „zu feminin" bezeichnetes Auftreten mögen. Auch cis Frauen erleben derartige Anfeindungen, mitunter wird ihnen hiermit unterstellt, „den Feminismus zu verraten", da sie nur so auftreten würden, „um Männern zu gefallen". Bei beispielsweise trans Frauen geht der Vorwurf in die Richtung, sich Weiblichkeit „unrechtmäßig anzueignen". Die Ausprägungen sind verschieden, beruhen jedoch auf einer speziellen Femininitätsfeindlichkeit aus feministischer Perspektive. Diese beruht auf den Kämpfen, erzwungene Femininität abzulehnen und „frei von

Zwängen" leben zu dürfen. Sie mündet jedoch wiederum darin, Personen bestimmte „Bekleidungsvorschriften" zu machen.

Andersherum kann es sich ebenso negativ auf trans Personen auswirken, wenn sie sich nicht entsprechend gesellschaftlicher Normen kleiden und entsprechend auftreten. Einer trans Frau in Hosen, wie sie in jedem Geschäft für Frauen angeboten werden, könnte negativ ausgelegt werden, sich „zu maskulin" zu kleiden. Beispielsweise mag diese Person vielleicht auch kein Make-up, eine andere Person ist trans männlich und liebt Make-up über alles. Auch der Umgang mit Körperbehaarung wird sanktioniert. Die unrasierten Beine, die bei einer cis Frau eben noch als empowernd galten, zeigen bei einer trans Frau nun „ganz klar", dass sie „sich wohl unsicher ist". Oder im umgekehrten Fall liegt sie selbstverständlich ebenso falsch und „reproduziert" mit ihren spiegelglatten Beinen „stereotype Weiblichkeit". Leider nutzen transfeindliche Personen dies nur zu oft aus, um daraus „Argumente" für ihre feindlichen Einstellungen zu formulieren. Somit kann trans weiblichen wie auch trans männlichen Personen vorgeworfen werden „es nicht wirklich ernst zu meinen". Die Ironie, oder eher schon Postironie, denn die Personen meinen es ja ernst, zeigt sich darin, dass zum Beispiel Konzepte wie body positivity für trans Personen plötzlich nicht mehr gelten und ihnen „geschlechtsuntypisches Verhalten" angelastet wird. Die breitbeinig sitzende trans Frau wird zumeist nicht als emanzipiert angesehen, sondern als Person, bei der „wohl der Mann durchkommt". Eine trans Frau, die keine Lust zu kochen hat, gilt schnell als „mackerhaft" und wenn sie es gerne tut, als „Agent (sic!) des Patriarchats". Ich möchte auch, dass Personen realisieren, dass ein konformes oder als geschlechtlich konform eingestuftes Auftreten im Alltag auch eine gewisse Sicherheit bedeuten kann. Es bietet die Möglichkeit, in der Menge schneller unterzugehen, nicht weiter aufzufallen. Es erleichtert den Alltag mitunter massiv, nicht bei jeder Begebenheit aufs Neue misgendert zu werden.

Ich persönlich überspitze gerne und schreibe beispielsweise mit viel Freude bei Twitter, wie ich mir gerade die Nägel machte, die Haare super sitzen, die Hotpants schön eng anliegen und ich nun bereit bin, eine Runde auf der Playstation zu zocken, selbstredend stets mit abgespreiztem kleinen Finger. Gut kommt auch, darüber zu schreiben, mit dem Auto rückwärts einzuparken, während ich ein Kleid trage – Cisgender rasten aus. Ich liebe es, so zu schreiben, weil es mir Spaß macht und mir hilft, mich aus meiner Ecke des klein Seins ohne Ansprüche und Bedürfnisse rauszuholen. Denn eine meiner wohl ersten Schritte meiner geschlechtlichen Transition im Alltag war es, meine ohnehin geringen Platzansprüche, so bezeichne ich es hier einmal, noch geringer zu gestalten. Mich noch kleiner zu machen und still zu sein, nicht aufzufallen. Aber dies ist eben lediglich mein persönlicher Weg, den ich so beschreite, weil ich es möchte und ich es mag. Und natürlich, weil ich weiß, dass es einigen Personen schwer auf den Zeiger geht. Ich musste über 30 Jahre alt werden, um mein Mädchen Sein nachholen und mein Frau Sein erleben und leben zu können. Das lasse ich mir lebendig von keiner Person mehr wegnehmen.

Der „Circle of Shit" kann sich auch anderweitig äußern. Zum Beispiel werden trans Personen oftmals zwangsmäßig ent-geschlechtlicht. Ihnen wird also zum Beispiel der Status abgesprochen, überhaupt ein binäres Geschlecht zu haben, und sie werden gewaltsam als ein „Zwischengeschlecht" definiert. Hierbei spreche ich also immer noch von einer Form der Zuweisung, die sich, so könnte angenommen werden, positiv auf die Anerkennung von nicht-binären Geschlechtern auswirken könnte.

FALSCH!

Denn sobald eine Person angibt, agender, neutrois, genderqueer etc. zu sein, wird wiederum zum gängigen Mittel gegriffen, die Person mit dem zugewiesenen Geschlecht anzusprechen. Denn wo kämen wir da hin, wenn Personen selbstbestimmt enby sind? Vielleicht in eine bessere Welt, aber okay, wer will das schon?!

Ich habe bis hierhin erst die im Alltag wohl am häufigsten auftretenden diskriminierenden Situationen dargelegt, jedoch möchte ich nun mit Nachdruck darauf verweisen, dass es ebenso weitaus einschneidendere

Begebenheiten geben kann. Dazu werde ich aus meinen persönlichen Erfahrungen berichten.

Hierzu streue ich lediglich einige Begriffe ein und möchte, dass ihr, die ihr dies lest, kurz darüber nachdenkt, weshalb ein als „stereotyp" eingestuftes Auftreten für trans Personen mitunter sehr wichtig sein kann.

Meine Therapeutin.

Der Richter beim Amtsgericht.

Meine beiden Gutachter.

Ich gehe davon aus, dass ihr nachvollziehen könnt, worauf ich hinaus möchte. Zunächst will ich sagen, dass all diese Personen sehr umgänglich, überwiegend respektvoll und offen mir und der Thematik gegenüber waren und sind. Nichtsdestotrotz stellten mir alle vier unabhängig voneinander in sehr ähnlicher Form die Frage:

„Können Sie mir versichern, dass Sie auch zu Hause und im Alltag so auftreten, wie Sie es jetzt hier vor mir tun?"

Diesbezüglich notierten sich der Richter und beide Gutachter, dass ich ein „weibliches Auftreten" an den Tag lege. In einem Gutachten ist auch detailliert notiert, wie ich meine Haare trage, welches Make-up, wie meine Stimme klingt und welche Übungen ich zur Erlangung derselben durchführe. Später werde ich auf das entsprechende Gesetz, dass dieses Nachfragen vorschreibt, eingehen und die wesentlichen Punkte ausführlich darstellen.

Ich möchte darüber aufklären, dass bestimmte vergeschlechtlichte Weisen des Auftretens, die, wenn sie aufgezwungen sind, zu Recht als Stereotype kritisiert werden, und sich ebenso in Institutionen zeigen und daher für trans Personen in der Regel vorausgesetzt und von ihnen verlangt werden. Der Richter hätte es sich wohl als negativ notiert, wenn ich bei meiner Anhörung nicht entsprechend aufgetreten wäre, und ebenso hätte Gutachter zwei dies als „mangelnde Überzeugung" festgehalten, und Gutachter eins hätte sicherlich nicht im Gutachten festgehalten, mich bereits als Frau zu bezeichnen, weil mein Auftreten im Alltag „entsprechend der Rolle gelebt wird". Meine Therapeutin hätte sich möglicherweise erhebliche Zweifel an meiner Sicherheit notiert. Ich will damit zeigen, welche Folgen ein entsprechendes Auftreten vor diesen Personen für mich hätte haben können, und wie gesagt, ich habe tatsächlich großes Glück bei meinen Gatekeeper*innen. Ja, ich verwende den Begriff hier, denn auch die freundlichsten und hilfsbereitesten Personen in entsprechenden Positionen sind Gatekeeper*innen, die letztendlich Teil von transfeindlichen Strukturen sind, die Gewalt ausüben. Wie erwähnt, waren in meinem Fall alle Personen insgesamt sehr respektvoll und hilfsbereit, jedoch stellt dies eher die Ausnahme dar. Im Abschnitt zum sogenannten „Transsexuellengesetz" gehe ich darauf detaillierter ein.

Um dieses Kapitel abzuschließen möchte ich euch darauf aufmerksam machen, über euren Umgang mit dieser Problematik zu reflektieren.

Das Erkennen von Zwängen, auf eine bestimmte Weise auftreten zu müssen, ist wichtig, und diese Zwänge müssen kritisiert werden. Aber eben die Zwänge, und nicht die Personen, die ihnen ausgeliefert sind. Ich wollte aufzeigen, wie schädlich diese Praktiken sind und auch, wie sie sich negativ auf trans und cis Personen auswirken können. Einer cis Person wird im Zweifel nicht das Geschlecht umfassend abgesprochen, eine Personenstandänderung oder eine Hormonersatztherapie verwehrt. Negative Auswirkungen in Richtung Heteronormativität oder sogenanntes slutshaming zeigen sich ebenso bei trans Personen mit vielschichtiger Härte. Um den Bogen, den Circle of Shit, zu schließen, hoffe ich hiermit klarzumachen, wie trans Personen sich zumeist in einer Position befinden, die mehrfach und aus vielen Richtungen sanktioniert wird.

Um simpel auszudrücken, weshalb zum Beispiel trans Frauen mitunter so auftreten wie sie auftreten:

- Sicherheitsbedürfnisse in der Öffentlichkeit (so gut es geht, denn von Sexismus sind trans Personen nicht ausgenommen)

- Zwang, da ansonsten negative Gutachten und Einstufungen durch Gatekeeper*innen drohen

- Sie mögen es und fühlen sich so wohl. Klingt komisch, ist aber so, und vor allem so simpel

Eine Frau ist eine Frau, was immer sie trägt, ganz gleich ob sie trans oder cis ist. Egal wie ihre Stimme klingt, egal wie ihr Körper aussieht.

„Das Gesetz über die Änderung der Vornamen und die Feststellung der Geschlechtszugehörigkeit in besonderen Fällen, Transsexuellengesetz" (TSG)

Mit dem folgenden Abschnitt möchte ich einen möglichst nachvollziehbaren Überblick über die Rechtslage von und die Möglichkeiten für trans Personen in Deutschland geben. Ich weiß, es wird trocken. Ich selbst bin die entsprechenden Paragraphen immer und immer wieder durchgegangen, um die Aussagen darin Stück für Stück offenzulegen. Auch für mich selbst tat sich mitunter ein Abgrund auf, weil ich mit vielen Passagen nicht gerechnet habe. Allein der Umstand, dass für trans Personen eine besondere Rechtslage besteht, erfordert eine Auseinandersetzung mit ihr. Weil dies für trans Personen selbst eine außergewöhnliche Situation darstellt, einem „eigenen" Gesetz zu unterliegen, ist es unausweichlich, dies einer breiteren Öffentlichkeit von nicht-Betroffenen aufzuzeigen, zugänglicher zu machen und ihnen zu verdeutlichen, was es bedeutet, das eigene Geschlecht immer wieder vor Institutionen beweisen zu müssen. Ich möchte hiermit keine juristische Exkursion anstreben, jedoch betrachte ich es als unfassbar wichtig, über die Rechtslage von trans und/oder intergeschlechtlichen Personen in Deutschland aufzuklären. Besonders vor dem Hintergrund der aktuellen Entscheidungen des Bundesverfassungsgerichts erachte ich es als unerlässlich. Das sogenannte „Transsexuellengesetz" wird durch die Entscheidung, einen dritten Geschlechtseintrag zu etablieren, unweigerlich angepasst oder vielleicht sogar in Gänze in Frage gestellt werden. Letzteres wäre wünschenswert. Da das Gesetz zum gegenwärtigen Zeitpunkt jedoch keine Option hierfür bereithält, stelle ich die einschneidenden und wichtigsten Abschnitte dar.

Das sogenannte „Transsexuellengesetz" wurde 1980 verabschiedet und trat am 01. Januar 1981 in Kraft (vgl. Adamietz; Remus 2015: 15). Es sollte erstmals die Möglichkeit für trans Personen eröffnen, den Vornamen ändern und den Geschlechtseintrag anpassen zu lassen. Allerdings waren diese Optionen immer an sehr hohe Auflagen gebunden, die in der Praxis verschiedentlich ausgelegt werden konnten. Wie bereits zuvor erwähnt, gelten innerhalb des Gesetzes Begriffe wie *Transsexualität, transsexuelle Prägung* oder auch *Transsexualismus* als maßgeblich. Die verwendeten Formulierungen bewegen sich stets, der Rechtslage entsprechend, auf dem Fundament der Zweigeschlechtlichkeit (vgl. Adamietz 2012). Das Gesetz ist in zwei Abschnitte, den Bereich Vornamensänderung sowie in den der Feststellung der Geschlechtszugehörigkeit eingeteilt. Es hält wiederum zwei mögliche Optionen bereit, nämlich die so bezeichnete *kleine* und die *große Lösung*. Nach den dargelegten medizinischen Definitionen des trans Seins, aus beispielsweise dem Pschyrembel, liege eine „echte transsexuelle Prägung/ echter Transsexualismus" nur vor, wenn der Wunsch nach operativen Eingriffen bestehe (ebd). Deshalb ermöglichte das Gesetz verschiedene Optionen. Die kleine Lösung sieht vor, lediglich eine Änderung des Vornamens zu erwirken und den Geschlechtseintrag unverändert zu lassen. Mit der großen Lösung besteht nun die Möglichkeit, neben dem Vornamen ebenso den Geschlechtseintrag ändern zu lassen. Die Formulierungen müssen vor dem Hintergrund betrachtet werden, dass sie vor nunmehr fünfunddreißig Jahren niedergeschrieben wurden und somit, wie Adamietz vielfach ausführt, im geschichtlichen Kontext zu betrachten sind (vgl. Adamietz 2012).

Im Folgenden werde ich die entscheidenden Paragraphen und Absätze des Gesetzes darstellen, diese analysieren und ebenso zeigen, welche aktuell noch Anwendung finden.

Voraussetzungen

„§ 1 Voraussetzungen

(1) Die Vornamen einer Person sind auf ihren Antrag vom Gericht zu ändern, wenn

1. sie sich auf Grund ihrer transsexuellen Prägung nicht mehr dem in ihrem Geburtseintrag angegebenen Geschlecht, sondern dem anderen Ge-

schlecht als zugehörig empfindet und seit mindestens drei Jahren unter dem Zwang steht, ihren Vorstellungen entsprechend zu leben,

2. mit hoher Wahrscheinlichkeit anzunehmen ist, dass sich ihr Zugehörigkeitsempfinden zum anderen Geschlecht nicht mehr ändern wird,(...)." (§1 TSG)

Diese zwei Absätze des ersten Paragraphen geben bereits Aufschluss darüber, welche Punkte erfüllt sein müssen, um Namen und/oder Geschlechtseintrag anpassen zu lassen. Das trans Sein wird hierin als ein besonderer Zustand, als eine Abweichung von der unmarkierten Norm des cis Seins dargestellt. Es soll zwar die Möglichkeit eröffnet werden, die Geschlechter von trans Personen anzuerkennen, jedoch nur, wenn ein eng gesteckter Zustand, der als hilfebedürftig eingestuft wird, vorliegt. Durch die Wortwahl der „transsexuellen Prägung" wird ein gesonderter Zustand dargestellt und die Beweislast wird den Antragsstellenden zugewiesen.[7] Deren Aufgabe ist es nun wiederum, andere Personen davon zu überzeugen, „tatsächlich" trans zu sein, so wie beispielsweise zu Beginn einer Begleittherapie. Weiter im Absatz ist aufgeführt, dass die Person sich „dem anderen Geschlecht als zugehörig empfindet", was wiederum auf Zweigeschlechtlichkeit als Basis hindeutet. Im Gesetz wird also immer definiert, dass trans Personen ein „eigentliches" Geschlecht haben. Eine grundsätzliche Respektierung geschieht nicht, sondern lediglich eine Anerkennung auf der Grundlage, die Behörde möglichst überzeugt zu haben. Entsprechend gilt für trans Personen, möglichst überzeugend cisnormative Vorstellungen zu verkörpern. Das sollen cis Personen bedenken, wenn sie trans Personen das nächste Mal die Reproduktion geschlechtlicher Stereotype vorwerfen oder unterstellen.

Zusätzlich zeigt diese Aussage, welche trans Personen sich offen auf das Gesetz berufen können und Anrecht auf ein Personenstandsänderungs-

---

[7] Das Privileg von cis Personen zeigt sich darin, dass der scheinbar selbstverständliche Zustand von rechtlicher Sicherheit über Vornamen und Geschlecht für trans Personen eben nicht ohne Weiteres gilt. Trans Personen müssen einen mindestens monatelangen Zeitraum einplanen, um diese Sicherheit zu erhalten.

verfahren haben: Nonbinary Personen sind durch die Gesetzgebung formal von einem Personenstandsänderungsverfahren ausgeschlossen. Wie bereits für den medizinisch-psychologischen Bereich beschrieben, müssen sie vor Gericht und vor den Gutachter*innen ihr tatsächliches Empfinden verbergen und sich als einem bestehenden binären Geschlecht zugehörig erklären. Dies ist mit dem Risiko verbunden, von Gutachter*innen, Therapeut*innen oder Richter*innen „bemerkt" zu werden, was zur Verweigerung der Unterstützung des Antragsgegenstands führen kann. In Puncto der potenziell marginalisierenden Mechanismen zeigt das Gesetz, wie sich die Norm der Zweigeschlechtlichkeit negativ auf non binary trans Personen auswirkt. Ebenso zeigt sich die Normierung dadurch, dass von der Person ein Auftreten erwartet wird, das den jeweiligen gesellschaftlichen Vorstellungen des Geschlechts entspricht. Franzen und Sauer beschreiben dies ebenso in ihrer Studie „Benachteiligung von Trans*Personen, besonders im Arbeitsleben" damit, dass ein geschlechtlich „eindeutiges" Auftreten, vor allem bei Kund*innenkontakt, als eine Form des Respektes aufgefasst und vorausgesetzt wird (vgl. Franzen/Sauer 2010: 29ff.). Ein gendertransgressorisches, also als „uneindeutig" bezeichnetes Auftreten kann hingegen als negativ und unseriös wahrgenommen werden (ebd.).

In Bezug auf das Verfahren des Transsexuellengesetzes kann ein als „uneindeutig" wahrgenommenes Auftreten als nicht überzeugend betrachtet und beispielsweise in einem Gutachten negativ bewertet werden (vgl. ebd.), obwohl dies gesetzlich nicht festgehalten ist.

Kurz: eine nicht binäre trans Person kann momentan keine rechtliche Anerkennung des Geschlechts erhalten, da es nur zwei Geschlechtseinträge gibt. Die Person muss lügen, und vorgeben, Mann oder Frau zu sein.

Zusätzlich beinhaltet der Absatz die Voraussetzung, dass die trans Person *„seit mindestens drei Jahren unter dem Zwang steht, ihren Vorstellungen entsprechend zu leben"* (§1 TSG). Gemeint ist also das Verlangen, das eigene Geschlecht öffentlich zu leben. Dies zeigt zunächst wiederum die Problematik der auferlegten Beweislast, weil eine schnelle

Hilfe für trans Personen somit ausgeschlossen ist. Es lässt aber auch wieder Raum zur Interpretation, dass auf eine gedankliche Abkehr, beziehungsweise „Rückkehr", der trans Person zum „eigentlichen" Geschlecht abgezielt wird. Nicht vergessen: Rechtlich unterliegen trans Personen derselben cisnormativen Sichtweise, wie sie gesellschaftlich und medizinisch besteht. Sie gelten zum Beispiel als „eigentliche" „Männer", die sich „als Frauen fühlen", zumindest in meinem Fall. Dies kann ein wiederholtes Indiz für die Vorstellung vom trans Sein als Abweichung vom gedachten Normalzustand sein. Selbst wenn bei trans Personen ein jahrelanger Prozess der eigenen Entwicklung und des Bewusstwerdens vorangegangen ist, stellt dieser Punkt eine Hürde dar, die sich im Alltag vielfach negativ auswirkt. Keinerlei korrekte Dokumente zu besitzen, beispielsweise in Form des Personalausweises oder auch einer Bankkarte, kann zu problematischen Situationen führen. Zum Beispiel, wenn die Erscheinung und der Name als nicht übereinstimmend betrachtet werden.

Der Othering-Prozess, also der Prozess, trans Sein als Abweichung darzustellen, zeigt sich wiederum in Absatz zwei des ersten Paragraphen. Dort wird festgehalten, dass dem Antrag auf Personenstands- und/oder Vornamensänderung entsprochen werden muss, *„wenn mit hoher Wahrscheinlichkeit anzunehmen ist, dass sich das Zugehörigkeitsempfinden zum anderen Geschlecht nicht mehr ändern wird"* (ebd.). Hierin manifestiert sich die medizinische Vorstellung der so bezeichneten „geschlechtlichen Inkongruenz", nach der das trans Sein als ein Zustand der Abweichung zwischen Körper und Empfinden verstanden wird. Was hierbei geschieht ist: Wirklich, wirklich, wirklich sicher zu gehen, dass wir „echt" trans sind. Auf uns zu hören und uns zu respektieren wäre einfach zu viel verlangt und würde gewiss den diskriminierenden Strukturen zuwiderlaufen.

Gerichtliches Verfahren

Der nächste entscheidende Paragraph im Gesetz ist §4 „Gerichtliches Verfahren" (§4 TSG). Hierin wird unter anderem festgehalten, dass es sich um ein Verfahren der freiwilligen Gerichtsbarkeit handelt. Das bedeutet: Die Kosten sind hierfür grundsätzlich selbst zu tragen, nach einer Bedarfsprüfung kann jedoch eine Prozesskostenhilfe beantragt werden. Im weiteren Verlauf unter Absatz 3 ist folgender maßgeblicher Punkt festgehalten:

„(3) Das Gericht darf einem Antrag nach § 1 nur stattgeben, nachdem es die Gutachten von zwei Sachverständigen eingeholt hat, die auf Grund ihrer Ausbildung und ihrer beruflichen Erfahrung mit den besonderen Problemen des Transsexualismus ausreichend vertraut sind. Die Sachverständigen müssen unabhängig voneinander tätig werden; in ihren Gutachten haben sie auch dazu Stellung zu nehmen, ob sich nach den Erkenntnissen der medizinischen Wissenschaft das Zugehörigkeitsempfinden des Antragstellers mit hoher Wahrscheinlichkeit nicht mehr ändern wird." (ebd.).

Dieser Absatz legt fest, welche Personen Gutachten durchführen dürfen. Auch wenn medizinisch-psychologische und rechtliche Aspekte sehr nah bei einander liegen, wird eine potenziell bereits bestehende psychologische Begleittherapie außer Acht gelassen. Das bedeutet, dass rechtlich keine „Begleittherapie" verlangt wird. Jedoch werden Gutachter*innen möglicherweise zweifeln, wie „ernst" es einer Person ohne Therapie ist. Jedoch wird hierdurch eine weitere Barriere eingezogen, da zwei unabhängige Gutachter*innen benötigt werden, um dem Antrag zu entsprechen. Diese werden zwar vom Gericht beauftragt, jedoch müssen hierfür wiederum Termine abgestimmt werden, und es besteht die Möglichkeit, dass mehrere Sitzungen für eine Gutachtenerstellung notwendig sind (vgl. Wißgott). Die Dauer eines Verfahrens variiert je nach Auslastung des zuständigen Gerichts und der Anzahl notwendiger Gutachtensitzungen. Dies trägt zu weiterer Marginalisierung bei, weil es mit hohem zeitlichen Aufwand verbunden ist, in dem trans Personen weiterhin ohne rechtliche Sicherheit über ihr Geschlecht leben müssen. Sechs Monate von der Antragstellung bis zur Rechtskraft des gerichtlichen Beschlusses sind keine Seltenheit und stellen eher das Minimum an Wartezeit dar. Das Verfahren kann jedoch beschleunigt werden, wenn die antragstellende trans Person die Gutachter*innen selbst vorschlägt. Diese Möglichkeit besteht im gesetzlichen Rahmen bei vorliegender Kompetenz der Gutachter*innen. Diese Gutachtensitzungen können, abhängig von dem*der Gutachter*in, als Form der Entmündigung der trans Person begriffen werden, weil sie in Einzelgesprächen überzeugend erläutern muss, dass ihr Empfinden tatsächlich real und berechtigt ist. Dieser Fakt entzieht der Person die Selbstbestimmung und überträgt eine gerichtliche Fremdbestimmung auf die Gutachter*innen (vgl. Adamietz; Remus 2015: 15). Das bedeutet, dass die Gutachter*innen praktisch freie Hand im Entscheidungsprozess haben.

Zusätzlich zur Dauer des Verfahrens bedeuten die Gutachten auch, dass du dich wiederum meist unbekannten Personen gegenüber völlig öffnen musst. Dies beinhaltet weitreichende Schilderungen über die Kindheit, das Aufwachsen, die familiären Verhältnisse, die Sexualität sowie die aktuelle Lebenssituation. Darüber hinaus soll auch ausgeschlossen werden, dass die Transgeschlechtlichkeit einer Person eine Komorbidität sein könne. Das bedeutet, es soll ausgeschlossen werden, dass eine krankheitsbedingte „Ursache" für das trans Sein existiert, wie beispielsweise eine Schizophrenie (ebd.). Daraus folgt: Wenn psychische Erkrankungen diagnostiziert werden, wird eine Bewilligung des Antrages möglicherweise verwehrt. Ja, echt. Berichten zufolge bestehen diese Gutachten- und Gerichtsverfahren auch nach verschiedenen Urteilen des Bundesverfassungsgerichts weiterhin aus teilweise kritikwürdigen Praktiken (vgl. Alter 2008). Deshalb formulierte die Deutsche Gesellschaft für Transidentität und Intersexualität (DGTI) bereits im Jahr 2008 einen offenen Brief an Gutachter*innen für das Verfahren des „Transsexuellengesetzes". Darin werden beispielsweise der Zwang zur Entkleidung und anschließender Betrachtung und Dokumentation der Intimorgane der Personen als erniedrigende Praktiken angeprangert (vgl. ebd.). Diese rein äußerliche Betrachtung soll laut der DGTI ausschließen, dass es sich um eine inter Person handelt[8] (vgl. DGTI 2009). Ebenso besteht auch die von Franzen und Sauer erwähnte Problematik, dass ein „nicht eindeutiges" Auftreten durch Gutachter*innen negativ bewertet wird (vgl. Franzen/Sauer 2010: 29f.). Die Forderung nach „eindeutigem Auftreten und Verhalten" zwingt trans Personen also dazu, sich nach geschlechtlichen Vorstellungen zu kleiden und entsprechend aufzutreten. So wurde in meinen Gutachten auch meine Frisur beschrieben und vermerkt, dass ich Make-up und „weibliche" Kleidung trage. Zusätzlich soll es vorkommen, dass Gutachter*innen die dreijährige Frist bis zur möglichen Antragstellung verschiedentlich interpretieren. Hiernach wurden trans Personen positive Gutachten vorenthalten, wenn sie nicht nachweisen konnten, eben diesen Zeitraum schon offen gegenüber ihrem Umfeld gelebt zu haben (vgl. ebd.). Das bedeutet, dass trans Personen hierdurch nur zusätzlich gezwungen werden, trotz Gefahren entsprechend in der Öffentlichkeit aufzutreten, weil ungeoutet sein als „Unsicherheit" von dir eingestuft werden kann.

Unwirksamkeit

Unter §7 sind die Punkte festgehalten, durch die der Beschluss wiederum unwirksam wird. So beschreiben die Absätze unter anderem:

„(1) Die Entscheidung, durch welche die Vornamen des Antragstellers geändert worden sind, wird unwirksam, wenn

1. nach Ablauf von dreihundert Tagen nach der Rechtskraft der Entscheidung ein Kind des Antragstellers geboren wird, mit dem Tag der Geburt des Kindes, oder

---

[8] Die DGTI beschreibt diese „Begutachtung" der Intimorgane als besonders erniedrigenden Vorgang, weil hierdurch eine „Eindeutigkeit" der Intimorgane „sichergestellt" werden soll. Auch wenn noch deutlich mehr Faktoren für das inter Sein einer Person sprechen könnten als sie lediglich durch eine äußerliche Betrachtung des Körpers „ermittelt" werden können. Ein scheinbar „eindeutig" zuordenbarer Körper kann über verschiedenste innere Organvariationen verfügen und selbst dies sagt noch nichts über den Hormonstatus oder über den bestehenden Chromosomensatz einer Person aus. Aber selbst dies wären immer noch keine Gründe für die „biologische" Bestimmung eines Geschlechts entgegen der Selbstbestimmung einer Person.

2. bei einem nach Ablauf von dreihundert Tagen nach der Rechtskraft der Entscheidung geborenen Kind die Abstammung von dem Antragsteller anerkannt oder gerichtlich festgestellt wird, mit dem Tag, an dem die Anerkennung wirksam oder die Feststellung rechtskräftig wird, oder

3. der Antragsteller eine Ehe schließt, mit der Abgabe der Erklärung nach § 1310 Abs. 1 des Bürgerlichen Gesetzbuchs." (§7 TSG)

Die zitierte Passage gibt Aufschluss über die Sicht auf Vornamensänderungen in Verbindung mit Ehe und Familie. Das bedeutet, dass eine Vornamensänderung rückgängig gemacht wurde, wenn du geheiratet hast. Also war es trans Personen bis 2005 verboten zu heiraten, wenn sie ihre selbstgewählten Namen behalten wollten. Auf diesen Zusatz erging jedoch im Dezember 2005 ein Beschluss des Bundesverfassungsgerichts. Hiernach kam das Gericht zu folgender Entscheidung:

"§ 7 Abs. 1 Nr. 3 des Transsexuellengesetzes verletzt das von Art. 2 Abs. 1 in Verbindung mit Art.1 Abs. 1 GG geschützte Namensrecht eines homosexuell orientierten Transsexuellen sowie sein Recht auf Schutz seiner Intimsphäre, solange ihm eine rechtlich gesicherte Partnerschaft nicht ohne Verlust des geänderten, seinem empfundenen Geschlecht entsprechenden Vornamens eröffnet ist." (BverfG - 1 BvL 3/03 - 2006)

Darin beruft sich das Bundesverfassungsgericht darauf, dass Teile aus der zuvor zitierten Passage des TSG den Artikeln 1 und 2 des Grundgesetzes zuwiderläuft. Der § 7 Absatz 1 Nummer 3 des Transsexuellengesetzes ließ sich hiernach nicht mit der Unantastbarkeit der menschlichen Würde sowie mit dem Recht auf eine freie Entfaltung der Persönlichkeit vereinbaren – der Rest des Gesetzes natürlich schon. Die Nummer dieses Absatzes wird somit ausgesetzt (ebd.). Die vorangestellten Punkte unter Absatz 1 des§ 7 TSG finden jedoch bis heute Anwendung. Somit wird der Beschluss des Gerichts auf Vornamensänderung unwirksam, sobald nach Ablauf der angegebenen Frist ein Kind der antragstellenden Person geboren beziehungsweise anerkannt wird (vgl. §7 TSG). Das heißt: Wenn du nur eine Vornamensänderung hast und 300 Tage nach Ablauf der Rechtswirksamkeit dein Kind geboren oder anerkannt wird, wird diese Änderung rückgängig gemacht. Bis heute. Dies gibt wiederum sehr eindrücklich Aufschluss über die Wirkmächtigkeit geschlechtlicher Normen, da die Geburt oder Anerkennung eines Kindes als Indiz herangezogen wird, dass die Person eine „Rückkehr" zum im Geburtseintrag angegebenen Geschlecht vollzogen habe. Also geht eine cisnormative Sichtweise davon aus, dass trans Eltern nicht trans sein können. Sie definiert Kinderwunsch und Transgeschlechtlichkeit als sich ausschließende Kategorien. Dass zusätzlich verschiedenste Gründe vorliegen können, weshalb trans Personen nur eine Änderung der Vornamen wollen, wird hierbei außer Acht gelassen. Zum Beispiel: Für die möglichst konfliktfreie Kostenübernahme von medizinischen Behandlungen.

Hierbei könnten Vorsorgeuntersuchen als private Leistung berechnet werden, wenn ein Geschlechtseintrag nicht mit den biologistischen Vorstellungen übereinstimmt. Beispiel hierfür sind etwa vaginale Abstriche bei Männern oder ein Spermiogramm bei Frauen. Der Unwirksamkeit kann, nach zusätzlichem Hinweis, widersprochen werden, wenn schwerwiegende Gründe dafür vorliegen, dass diese „Rückkehr" dennoch nicht eintritt (ebd.). Sofern die „große" Lösung nach dem folgenden §8 vorliegt, kommt dieser Absatz nicht zur Anwendung, da er sich lediglich auf die „kleine" Lösung bezieht.

Feststellung der Geschlechtszugehörigkeit

Mit dem §8 des Gesetzes beginnt der Abschnitt zur Feststellung der Geschlechtszugehörigkeit. Dieser erste Paragraph im zweiten Abschnitt ist die entscheidende Grundlage für die rechtliche geschlechtliche Anerkennung als trans Person und stellt damit die sogenannte „große" Lösung des „Transsexuellengesetzes" dar.

„(1) Auf Antrag einer Person, die sich auf Grund ihrer transsexuellen Prägung nicht mehr dem in ihrem Geburtseintrag angegebenen, sondern dem anderen Geschlecht als zugehörig empfindet und die seit mindestens drei Jahren unter dem Zwang steht, ihren Vorstellungen entsprechend zu

leben, ist vom Gericht festzustellen, daß sie als dem anderen Geschlecht zugehörig anzusehen ist, wenn sie

1. die Voraussetzungen des § 1 Abs. 1 Nr. 1 bis 3 erfüllt,

2. (weggefallen)

3. dauernd fortpflanzungsunfähig ist und

4. sich einem ihre äußeren Geschlechtsmerkmale verändernden operativen Eingriff unterzogen hat, durch den eine deutliche Annäherung an das Erscheinungsbild des anderen Geschlechts erreicht worden ist.

(2) In dem Antrag sind die Vornamen anzugeben, die der Antragsteller künftig führen will; dies ist nicht erforderlich, wenn seine Vornamen bereits auf Grund von § 1 geändert worden sind." (§8 TSG)

Dieser dargestellte Auszug enthält in seiner ursprünglichen Form die weitreichendsten Eingriffe in die körperliche Autonomie von trans Personen. Er schreibt nicht nur wiederholt die Notwendigkeit eines seit mindestens drei Jahren bestehenden Zwangs, im „anderen" Geschlecht zu leben, fest. Er verlangte auch eine dauerhafte Fortpflanzungsunfähigkeit und erlegte trans Personen einen Zwang zu chirurgischen Eingriffen auf. Ja, alles echt und real. Für die Anerkennung waren Operationen, wie z.B. Mastektomie, Vulva-Vaginaplastik etc., verpflichtend. Und ja, Personen mussten sich sterilisieren lassen. Lasst es einfach sacken.

Der Wortlaut besagt zusätzlich, dass nicht lediglich die Absicht für einen positiven Beschluss ausreichte, sondern, dass die operativen Eingriffe bereits vollzogen sein mussten. Im Klartext bedeutet dies, dass die ohnehin langen Wartezeiten für Therapieplätze, Gutachtenerstellungen und gerichtliche Entscheidungen nochmal um ein Vielfaches verlängert wurden. Darüber hinaus stellten diese Forderungen Verletzungen des Rechts auf körperliche Unversehrtheit, die Freiheit der persönlichen Entfaltung und der Unantastbarkeit der menschlichen Würde dar. Ein diesbezüglicher Beschluss des Bundesverfassungsgerichts erging jedoch erst am 11. Januar 2011, ZWEITAUSENDELF, und somit erst 30 Jahre nach Inkrafttreten des Gesetzes. Siehe hierzu:

„Es verstößt gegen Art. 2 Abs. 1 und Abs. 2 in Verbindung mit Art. 1 Abs. 1 GG, dass ein Transsexueller, der die Voraussetzungen des § 1 Abs. 1 Nr. 1 bis 3 Transsexuellengesetz erfüllt, zur rechtlichen Absicherung seiner gleichgeschlechtlichen Partnerschaft nur dann eine eingetragene Lebenspartnerschaft begründen kann, wenn er sich zuvor gemäß § 8 Abs. 1 Nr. 3 und 4 des Transsexuellengesetzes einem seine äußeren Geschlechtsmerkmale verändernden operativen Eingriff unterzogen hat sowie dauernd fortpflanzungsunfähig ist und aufgrund dessen personenstandsrechtlich im empfundenen und gelebten Geschlecht Anerkennung gefunden hat." (BverfG 2007)

Besonders die Formulierung des Beschlusses zeigt die deutliche Haltung und Motivation für die verabschiedeten Paragraphen in ihrer ursprünglichen Form des Gesetzes. Diese legten nicht nur die Zweigeschlechtlichkeit als Norm fest, sie schrieben überdies ebenso die Beschaffenheit und das Aussehen der Intimorgane einer Person des jeweiligen Geschlechts fest. Dies stellte eine institutionelle Diskriminierung von trans Personen dar, weil sich cisgender Personen niemals einer derartigen Begutachtung für ihre geschlechtliche Anerkennung unterziehen mussten.[9] Verschiedene inter Personen sind hiervon natürlich ausgenommen. Bezüglich der körperlichen Eingriffe beschreibt Adamietz, dass lange Zeit die Vorstellung bestand, dass Personen mit „echter Transsexualität" (dieser Begriff kommt immer noch zur Anwendung) operative Eingriffe benötigen würden und wiederum nur Personen „tatsächlich" trans seien, wenn bei ihnen der Wunsch nach

---

[9] Selbstverständlich werden auch die Intimorgane von Personen begutachtet, die nicht trans und oder intersex sind, jedoch geschieht dies bereits spätestens bei der Geburt und betrifft ebenso trans Personen. Hiernach ergeht erst die geschlechtliche Zuweisung aus der sich später ein cis Sein oder trans Sein ergibt. Trans Personen wurde daraus folgend erst das falsche Geschlecht anhand von Intimorganen zugewiesen und im späteren Verlauf ihres Lebens waren sie gesetzlich dazu verpflichtet, diese operativ zu verändern und wiederum begutachten zu lassen. Das stellt den entscheidenden Unterschied zu dyadischen cisgender Personen dar, da ihnen nicht per wiederholter Überprüfung der Intimorgane die geschlechtliche Zugehörigkeit zu- oder abgesprochen wird.

chirurgischen Maßnahmen vorläge. Adamietz beschreibt, dass dieser Zirkelschluss jedoch mit der Zeit der Anerkennung verschiedener Formen und Lebensentwürfe von trans Personen wich (vgl. Adamietz 2012). Über die Normierung der Körper und Geschlechter hinaus wird in dem Beschluss ebenso die Festlegung der Sexualität beziehungsweise des Begehrens beschrieben. Hiernach bestand aus medizinischer Perspektive die Absicht, dass durch die Personenstandsänderung und die operativen Eingriffe eine Heterosexualität der trans Personen „herzustellen" sei (vgl. Adamietz; Remus 2015: 16). Um dies zu verdeutlichen: Es wurde sich erhofft, dass eine trans Frau in einer Beziehung mit einem Mann nun in einer heterosexuellen lebe. Über die Vorstellung, dass alle trans Frauen eigentlich „schwule Männer" seien, brauch ich mich an der Stelle wohl nicht weiter auslassen. Weiter ausgeführt wird dies in den Absätzen, in denen das Verhältnis von Personenstandsänderung und bestehenden Ehen, beziehungsweise eingetragenen Lebenspartner*innenschaften oder einer späteren Eheschließung beziehungsweise eingetragenen Lebenspartner*innenschaften, geregelt ist. Beispielsweise durch den erwähnten § 7 Absatz 1 Nummer 3 TSG, wonach der Gerichtsbeschluss unwirksam wurde, wenn eine Ehe nach der Vornamensänderung geschlossen wurde.

Dies trat ebenso ein, wenn die trans Person nun in einer heterosexuellen Partner*innenschaft lebte.

Demnach war diese gesetzliche Regelung darin begründet, den Anschein einer gleichgeschlechtlichen Ehe zu vermeiden (vgl. Adamietz 2012). Dies kann so begriffen werden, weil zum Beispiel eine trans Frau unter Umständen weiterhin als Mann betrachtet wird. Letztendlich wurden besagte Absätze des Paragraphen 8 durch den angesprochenen Beschluss des Bundesverfassungsgerichts ausgesetzt. Seit dem Jahr 2011 sind die Voraussetzungen für eine Personenstandsänderung hiernach dieselben wie für die Vornamensänderung, der so bezeichneten „kleinen Lösung" (vgl. ebd.). Der ursprünglich im § 8 TSG enthaltene Absatz 1 Nummer 2 beinhaltete, dass die antragstellende Person unverheiratet sein müsse. Dies bedeutet, dass die Person zum Zeitpunkt der Antragstellung entweder ledig war oder eine bestehende

Ehe geschieden werden musste. Wie ein Zwang zur Scheidung und die damit verbundene Wartezeit zu beurteilen ist, brauche ich wohl auch nicht weiter auszuführen. Bezugnehmend auf die Ausführungen von Adamietz, kann dies als eine Art zweite „Absicherung" gegen eine gleichgeschlechtliche Partner*innenschaft betrachtet werden. Dieser weggefallene Punkt im Paragraphen bildete somit ein Gegenstück zu § 7 Absatz 1 Nummer 3, wonach eine Vornamensänderung unwirksam wurde, wenn die anstragstellende Person eine Ehe schloss. Im Beschluss des Bundesverfassungsgerichts vom 27. Mai 2008 heißt es:

„§ 8 Abs. 1 Nr. 2 des Transsexuellengesetzes ist mit Art. 2 Abs. 1 in Verbindung mit Art. 1 Abs. 1 GG und Art. 6 Abs. 1 GG nicht vereinbar, weil er einem verheirateten Transsexuellen, der sich geschlechtsändernden Operationen unterzogen hat, die Möglichkeit, die personenstandsrechtliche Anerkennung seiner neuen Geschlechtszugehörigkeit zu erhalten, nur einräumt, wenn seine Ehe zuvor geschieden wird." (BverfG 2011)

Dieser Beschluss besagt, dass eine Ehe, die vor der Personenstandsänderung geschlossen wurde, auch über diese hinaus weiterhin Bestand hat. Letztendlich bedeutete dies auch, dass durch eine Personenstandänderung, obwohl rechtlich zum damaligen Zeitpunkt nicht existent, eine formal gleichgeschlechtliche[10] Ehe in Deutschland bereits möglich war.

Eltern-Kind-Verhältnis

Unter Paragraph 11 wird bis heute das rechtliche Verhältnis der Eltern zu ihren Kindern geregelt. Die Formulierung dieses Abschnitts lautet:

„Die Entscheidung, daß der Antragsteller als dem anderen Geschlecht zugehörig anzusehen ist, läßt das Rechtsverhältnis zwischen dem Antragsteller und seinen Eltern sowie zwischen dem Antragsteller und seinen Kin-

---

[10] Ich füge diese Fußnote hinter „gleichgeschlechtlich" deshalb ein, um auf die rechtliche Gleichgeschlechtlichkeit einzugehen. Da im deutschen Recht lediglich zwei Geschlechter vorhanden sind, es jedoch ebenso non-binary Personen gibt, die dieses rechtliche Verfahren auf sich nehmen, wäre es wiederum exkludierend, ausschließlich von gleichgeschlechtlichen Ehen zu sprechen.

dern unberührt, bei angenommenen Kindern jedoch nur, soweit diese vor Rechtskraft der Entscheidung als Kind angenommen worden sind. Gleiches gilt im Verhältnis zu den Abkömmlingen dieser Kinder." (§11 TSG)

Die Formulierung spricht nüchtern von einem rechtlichen Status nach einer Personenstandsänderung einer trans Person. Tatsächlich habe ich diesen Abschnitt sehr schnell überflogen, weil er mir völlig harmlos erschien. Falsch gedacht. In der Realität bedeutet dies, dass beispielsweise eine trans Frau, die biologische Mutter ihrer Kinder ist, rechtlich als „Vater" der Kinder gilt. Ja, wirklich, wirklich, wirklich! Und das gilt bis heute. Es findet also ein Rückgriff auf das vermeintlich „eigentliche" Geschlecht der Person statt, der mit ihrer (ehemaligen) Zeugungsfunktion begründet wird. Dies bedeutet, dass ein Kind in Deutschland stets einen biologischen Vater und eine biologische Mutter haben muss, auch wenn dies der Realität von Personen zuwiderläuft. Ein weiterer Widerspruch ist, dass beispielsweise ein gleichgeschlechtliches und cisgeschlechtliches Paar – mittlerweile – selbstverständlich korrekt als Eltern eines Kindes erfasst werden können und darüber hinaus ebenso mit ihrem Geschlecht respektiert werden. Transgeschlechtlichen Eltern wird dies, bei leiblichen Kindern, weiterhin unter Berücksichtigung des erwähnten Paragraphen verwehrt. Hierzu wurde, nach einer Klage im Januar des Jahres 2018 ein Urteil des Bundesgerichtshofes rechtskräftig. Ich werde Sachverhalt, Urteil und Begründung auszugsweise darstellen:

„Die Beteiligte zu 1 ist transsexuell. Der Beschluss über die Feststellung ihrer Zugehörigkeit zum weiblichen Geschlecht ist seit August 2012 rechtskräftig. Die Beteiligten zu 1 und 2 haben im September 2015 eine eingetragene Lebenspartnerschaft begründet. Zuvor hatte die Beteiligte zu 2 im Juni 2015 das betroffene Kind geboren. Dieses war nach dem Vortrag der Beteiligten mit dem konservierten Samen der Beteiligten zu 1 gezeugt worden. In einer notariellen Urkunde hatte diese noch vor der Geburt mit Zustimmung der Beteiligten zu 2 anerkannt, Mutter des Kindes zu sein."
– Beschluss vom 29. November 2017 – XII ZB 459/16

„Zwar richten sich die vom Geschlecht abhängigen Rechte und Pflichten ab Rechtskraft der Entscheidung, dass ein Transsexueller als dem anderen Geschlecht zugehörig anzusehen ist, gemäß § 10 Abs. 1 TSG nach dem neuen Geschlecht, wenn durch Gesetz nichts anderes bestimmt ist.

Nach § 11 Satz 1 TSG lässt eine solche Entscheidung das Rechtsverhältnis zwischen ihm und seinen Kindern allerdings unberührt. Der Bundesgerichtshof hat entschieden, dass die Vorschrift des § 11 Satz 1 TSG auch für solche leiblichen Kinder eines Transsexuellen gilt, die erst nach der Entscheidung über die Änderung der elterlichen Geschlechtszugehörigkeit geboren worden sind. Durch die Regelung wird gewährleistet, dass der biologisch durch Geburt oder Zeugung festgelegte rechtliche Status als Mutter oder Vater des Kindes gesichert und einer Veränderung nicht zugänglich ist (vgl. auch Pressemitteilung 148/2017).

Rechtliche Mutter des Kindes ist abstammungsrechtlich dementsprechend nur die Frau, die das Kind geboren hat (§ 1591 BGB). Als dem Fortpflanzungsbeitrag der Mann-zu-Frau-Transsexuellen durch Samenspende entsprechende Form der Elternschaftsbeteiligung ist mithin nur die Begründung der Vaterschaft möglich (§ 1592 BGB). Die von ihr stattdessen ausdrücklich erklärte Mutterschaftsanerkennung konnte daher keine Wirksamkeit erlangen.

Es verstößt nicht gegen Grundrechte der transsexuellen Person, dass ihr das geltende Abstammungsrecht – ungeachtet des Umstands, dass sie nunmehr als dem anderen Geschlecht zugehörig gilt – den sich aus dem früheren Geschlecht und dem diesem entsprechenden spezifischen Fortpflanzungsbeitrag ergebenden rechtlichen Elternstatus zuweist."

„Das Transsexuellengesetz stellt daher sicher, dass den betroffenen Kindern trotz der rechtlichen Geschlechtsänderung eines Elternteils rechtlich immer ein Vater und eine Mutter zugewiesen werden, und steht im Einklang mit dem Grundgesetz." – Beschluss vom 29. November 2017 - XII ZB 459/16"

Das aktuelle Urteil wiederholt und verfestigt somit in seinem Kern wiederum Zweigeschlechtlichkeit, die sich in einer bestimmten Form der Fortpflanzungsfähigkeit widerspiegelt und darüber hinaus die vielfach erwähnte Heteronormativität. Sie legt gegen den Willen der Betroffenen und gegen deren geschlechtliche Selbstbestimmung fest, dass Zeugung, Empfängnis und Geburt vergeschlechtlicht werden und eine biologische Elternschaft unweigerlich daran geknüpft wird. Die Sichtweise dahinter ist, den leiblichen Kindern die Zukunft „möglichst diskriminierungsfrei" zu gestalten, da es aus Perspektive des Bundesgerichtshofes unzumutbar sei, zwei biologische Mütter in der Geburtsurkunde eingetragen zu haben. Ich denke mir das wirklich nicht aus.

Besonders in diesem Abschnitt und meiner öffentlichen Kritik am aktuellen Urteil entlud sich auf Twitter eine heftige „Kontroverse". Mir wurde vielfach von cis Feminist*innen vorgeworfen, ich würde, mit meiner Kritik am erwähnten Urteil und meinem Wunsch auf geschlechtliche Anerkennung, meine Vergangenheit verleugnen wollen. Weil andere Personen meine Vergangenheit, meine Wünsche und meinen Schmerz so gut nachvollziehen und darüber bestimmen können. Davon abgesehen ist es scheinbar völlig problemlos möglich, meine Gegenwart zu leugnen. Zusätzlich verstärkte sich durch mir entgegengebrachte Äußerungen wiederum geschlechtlicher Biologismus. Aussagen, nach denen ich und andere trans Personen akzeptieren müssten, was unsere „eigentlichen" Geschlechter seien, oder wiederkehrende Vorwürfe, biologische Tatsachen zu leugnen, waren gängige Angriffe. Die Kritik anderer trans Personen und meine Kritik an Cissexismus wurde wiederum mit Cissexismus begegnet. Formulierungen wie: „Sozial betrachtet kannst du Mutter sein, biologisch gesehen aber nur der Vater" sind hierbei nur das Produkt aus cissexistischen Normen, die in vielen Vorstellungen existieren. Was für viele cis und auch trans Personen als respektvolle Aussage klingen mag, ist aber immer noch eine grundsätzliche Nicht-Respektierung der Geschlechter von Menschen.

TSG Nachwirkungen und der 3. Geschlechtseintrag

Im vorangegangenen Kapitel erläuterte ich das sogenannte Transsexuellengesetz und seine negativen Konsequenzen für trans Menschen. Darauf folgend möchte ich nun verdeutlichen, wie beklemmend, oftmals ausweglos und frustrierend viele weitere Gatekeepingprozesse verlaufen können. Seit Oktober 2017 gilt durch Beschluss der Kassenärztlichen Vereinigung, dass Laserepilationen im Gesicht und an den Händen zur allgemeinen Leistung für amab trans Personen gelten. Bis zu diesem Zeitpunkt waren die Kosten hierfür noch selbst zu tragen. Aus meiner Erfahrung kann ich berichten, dass mich eine einzelne Sitzung für Laserepilationen im Gesicht 150€ kostete. Und ja, es sind je nach Haarwuchs und Tönung der Haare sehr viele Sitzungen notwendig. Aber auch mit dem Beschluss haben sich leider viele Personen zu früh gefreut. Erst wenn die Diagnose F64.0 vorliegt, werden die Kosten hierfür übernommen. Allerdings nur für eine begrenzte Sitzungszahl, wäre ja zu schön. Zeit haben trans Personen ja bekanntermaßen reichlich. Bis eine gesicherte Diagnose besteht, können schon einmal einige Monate der Begleittherapie vergehen. Oh, ihr habt noch keinen Therapieplatz und noch gar nicht damit begonnen? Keine Sorge, mehrere Monate Wartezeit bis zum Beginn sind schnell abgesessen. Jetzt nur noch, oh, etwa zwölf Monate Therapie mitmachen und den sogenannten „Alltagstest" durchstehen. Alltagstest? Ja, hierbei sollt ihr möglichst dokumentiert nachweisen, dass ihr über einen geforderten Zeitraum „in der bestimmten geschlechtlichen Rolle" lebt. Dann kann es aber auch sicherlich schon losgeh… na ja nun, nein. Die Krankenkasse, Verzeihung, selbstverständlich der Medizinische Dienst der Krankenkassen (MDK) möchte sicherlich auch den Nachweis über den Beginn einer Hormonersatztherapie haben. Kein Problem, hierzu am besten einfach möglichst früh den*die Therapeut*in anflehen, bitte eine Indikation zu stellen, um mit der Hormonersatztherapie beginnen zu können. Nun kann es aber wirklich, wirklich losgeh… hmhmhm, doch nicht. Der MDK muss erst noch ein Gutachten erstellen, das dem*der behandelnden Ärzt*in zugeschickt wird. Sofern diese Person überhaupt dazu berechtigt ist, Laserepilationen durchzuführen. Auch wenn im Verlauf von möglicherweise mehreren Jahren der entsprechenden Krankenkasse nach und nach sämtliche Unterlagen über den Prozess von beispielsweise geschlechtlicher Transition, potenzieller Personenstands- und/oder Vornamensänderung mitgeteilt wurde, ist dies noch keine Garantie dafür, dass sie sich hiermit zufrieden gibt.[11]

Worauf ich mit diesem kleine Ausflug hinaus wollte ist, euch zu verdeutlichen, was für ein auszehrender und langwieriger Prozess die geschlechtliche Transition und rechtliche Aspekte sein können, die nicht mit einem simplen Antrag oder einem Termin bei Ärzt*innen beendet ist. Dass du neben dem MDK ebenfalls an allen Stationen auf Leute triffst, die du zunächst überzeugen musst „wahrlich" und „dauerhaft" trans zu sein und dies „keine Phase ist", erwähnte ich? Gut. Beziehungsweise schlecht. All dies verdeutlicht einmal mehr die dir als trans Person auferlegte Beweislast.

Den folgenden Part bezüglich des TSG möchte ich mir nicht aneignen, da er mich nicht unmittelbar betrifft. Allerdings schreibe ich nun gerade einmal ausführlich über die Gesetzeslage und möchte den Raum dazu gerne bereitstellen.

Am 10. Oktober 2017, beziehungsweise mit der öffentlichen Mitteilung des Beschlusses des Bundesverfassungsgericht vom 8. November, besteht die Rechtssicherheit, dass das System eines rein binären Geschlechtseintrages in Deutschland bis Ende des Jahres 2018 geändert werden muss. Der Anstoß und der letztendliche Erfolg gehen hierbei auf Vanja zurück (Dritte Option 2017). Vanja kämpfte bereits seit 2014 vor Gericht für einen korrekten Geschlechtseintrag. Der weitere Verlauf des Absatzes stellt den Stand vor der endgültigen Umsetzung des Beschlusses des Bundesverfassungsgerichts dar. Da dieses Buch im November 2018 erschien, konnte ich damals lediglich eine Prognose abgeben, inwiefern der Beschluss umgesetzt werden würde. Die bisher

---

[11] Und nun ja, die Mediziner*innen können dir die Behandlung möglicherweise immer noch verweigern, weil die Vergütungspauschale ihnen als zu gering erscheint.

möglichen Optionen für die Umsetzung des Beschlusses waren entweder die Schaffung eines dritten Geschlechtseintrags oder die generelle Abschaffung von Geschlechtseinträgen. Wie genau sich das Verfahren etablieren würde, war zum damaligen Zeitpunkt noch nicht absehbar. Es blieb zu befürchten, dass lediglich Personen eine dritte Option in Anspruch nehmen dürfen werden, bei denen eine sogenannte „biologische Tatsache" vorliegt.

Die aktuelle Rechtslage lautet nun:

„Personenstandsgesetz § 45b Erklärung zur Geschlechtsangabe und Vornamensführung bei Personen mit Varianten der Geschlechtsentwicklung

(1) 1 Personen mit Varianten der Geschlechtsentwicklung können gegenüber dem Standesamt erklären, dass die Angabe zu ihrem Geschlecht in einem deutschen Personenstandseintrag durch eine andere in § 22 Absatz 3 vorgesehene Bezeichnung ersetzt oder gestrichen werden soll. 2 Liegt kein deutscher Personenstandseintrag vor, können sie gegenüber dem Standesamt erklären, welche der in § 22 Absatz 3 vorgesehenen Bezeichnungen für sie maßgeblich ist, oder auf die Angabe einer Geschlechtsbezeichnung verzichten, wenn sie

1. Deutsche im Sinne des Grundgesetzes sind,

2. als Staatenlose oder heimatlose Ausländer ihren gewöhnlichen Aufenthalt im Inland haben,

3. als Asylberechtigte oder ausländische Flüchtlinge ihren Wohnsitz im Inland haben oder

4. Als Ausländer, deren Heimatrecht keine vergleichbare Regelung kennt,

 a) ein unbefristetes Aufenthaltsrecht besitzen,

 b) eine verlängerbare Aufenthaltserlaubnis besitzen und sich dauerhaft rechtmäßig im Inland aufhalten oder

 c) eine Blaue Karte EU besitzen.

2 Mit der Erklärung können auch neue Vornamen bestimmt werden. 3 Die Erklärungen müssen öffentlich beglaubigt werden; sie können auch von den Standesbeamten beglaubigt oder beurkundet werden.

(2) 1 Für ein Kind, das geschäftsunfähig oder noch nicht 14 Jahre alt ist, kann nur sein gesetzlicher Vertreter die Erklärung abgeben. 2 Im Übrigen kann ein Kind die Erklärung nur selbst abgeben; es bedarf hierzu der Zustimmung seines gesetzlichen Vertreters. 3 Stimmt der gesetzliche Vertreter nicht zu, so ersetzt das Familiengericht die Zustimmung, wenn die Änderung der Angabe zum Geschlecht oder der Vornamen dem Kindeswohl nicht widerspricht; das Verfahren vor dem Familiengericht ist eine Kindschaftssache nach Buch 2 Abschnitt 3 des Gesetzes über das Verfahren in Familiensachen und in den Angelegenheiten der freiwilligen Gerichtsbarkeit.

(3) 1 Durch Vorlage einer ärztlichen Bescheinigung ist nachzuweisen, dass eine Variante der Geschlechtsentwicklung vorliegt. 2 Dies gilt nicht für Personen, die über keine ärztliche Bescheinigung einer erfolgten medizinischen Behandlung verfügen und bei denen das Vorliegen der Variante der Geschlechtsentwicklung wegen der Behandlung nicht mehr oder nur durch eine unzumutbare Untersuchung nachgewiesen werden kann, sofern sie dies an Eides statt versichern.

(4) 1 Für die Entgegennahme der Erklärung ist das Standesamt zuständig, das das Geburtenregister für die betroffene Person führt. 2 Ist die Geburt nicht in einem deutschen Geburtenregister beurkundet, so ist das Standesamt zuständig, das das Eheregister oder Lebenspartnerschaftsregister der Person führt. 3 Ergibt sich danach keine Zuständigkeit, so ist das Standesamt zuständig, in dessen Zuständigkeitsbereich die Person ihren Wohnsitz hat oder zuletzt hatte oder ihren gewöhnlichen Aufenthalt hat. 4 Ergibt sich auch danach keine Zuständigkeit, so ist das Standesamt I in Berlin zuständig. 5 Das Standesamt I in Berlin führt ein Verzeichnis der nach den Sätzen 3 und 4 entgegengenommenen Erklärungen." (PstG §45b)

Maßgeblich ist hierbei Punkt 3, der besagt, dass durch eine ärztliche Bescheinigung nachzuweisen sei, dass eine „Variante der Geschlechtsentwicklung" vorliegt. Dies ist nicht näher bezeichnet und eine besondere Begutachtung entfällt hierbei. Es besteht auch keine weitere Anmerkung, dass die antragstellende Person intergeschlechtlich/intersex sein muss. Durch den Hinweis „unzumutbare Untersuchung" (vgl. ebd.) entfällt das und verhindert eine Untersuchungspflicht, die „sicherstellen" sollte, dass Personen intergeschlechtlich sind.

Der Paragraph eröffnet nun erhebliche Möglichkeiten, um langwierige Prozesse, Anträge und Begutachtungen umgehen zu können. Auch wenn dies nicht ausdrücklich vorgeschrieben wird, dass eine Intergeschlechtlichkeit vorliegt, so wird diese rechtliche Option ausdrücklich hierfür bestimmt. Aufgrund der – zurecht – nicht eindeutigen Formulierung, kann diese Option auch von dyadischen trans Personen in Anspruch genommen werden. Die Änderung des Geschlechtseintrags in der Geburtsurkunde kann somit zum deutlich weniger zeit -und geldaufwändigen Verwaltungsakt werden, als es über das „Transsexuellengesetz" möglich ist.

Natürlich kommt jetzt ein *aber*.

Personenstandsgesetz (PStG) § 22 Fehlende Angaben

(1) Kann der Anzeigende die Vornamen des Kindes nicht angeben, so müssen sie binnen eines Monats mündlich oder schriftlich angezeigt werden. Sie werden alsdann bei dem Geburtseintrag beurkundet.

(2) Die Vornamen des Kindes können nachträglich auch bei einem anderen Standesamt als dem, das die Geburt des Kindes beurkundet hat, angezeigt werden.

(3) Kann das Kind weder dem weiblichen noch dem männlichen Geschlecht zugeordnet werden, so kann der Personenstandsfall auch ohne eine solche Angabe oder mit der Angabe „divers" in das Geburtenregister eingetragen werden."(PStG §22).

Der Verweis auf §22 gibt an, dass lediglich der Geschlechtseintrag „divers" oder keine Angabe als Optionen bestehen.

Für diese rechtliche Option ergeben sich die Eckdaten:

- vertrauenswürdige Mediziner*innen, die eine Bescheinigung ausstellen sind nötig
- der Aufwand und nötige Wartezeiten werden immens verringert
- die Meldebehörde kann, laut Gesetz, nur den Geschlechtseintrag „divers" vergeben oder den Geschlechtseintrag streichen. Eine Garantie, dass ein „Wunscheintrag" berücksichtigt wird, besteht nicht
- es kann dennoch zu Komplikationen für medizinische Behandlungen kommen, weil Krankenkasse und oder Chirurg*innen auf die Gutachten nach „Transsexuellengesetz" bestehen können
- du benötigst sehr viel Glück, wie so häufig

Praktisch gleichzeitig beschloss das Bundesverfassungsgericht, dass das von mir zuvor beschriebene Gutachtenverfahren nach „Transsexuellengesetz" weiterhin zulässig sei und weiterhin betrieben wird.

Für viele, für die meisten dyadischen cis Personen (ich schreibe hier nun in Anbetracht der ausdrücklichen Nennung von inter Personen den Zusatz dyadisch, oder nicht-inter) ist Geschlecht und eine korrekte geschlechtliche Anerkennung eine Selbstverständlichkeit, die niemals ernsthaft hinterfragt wird. Diskriminierende Sprache in Bezug auf als „weiblich" bezeichnete Männer oder „männlich" bezeichnete Frauen, offenbart vielmehr die internalisierte und ausgelebte Misogynie und sie ist aufs Schärfste zu kritisieren. Wie ich jedoch bereits erwähnte, ist die eigentliche Selbstverständlichkeit für inter und/oder trans Personen zumeist nicht gegeben. Um an dieser Stelle mal wieder die Politikwissenschaftlerin hereinzulassen und damit die staatliche Dimension aufzuzeigen: Die Gesetzgebung, hierbei in Form des Personenstandgesetzes, gibt vor, dass Neugeborenen anhand der Beschaffenheit ihrer Körper ein Geschlecht zuzuweisen ist. Hieran könnt ihr sehen, wie „völlig übertrieben" die Aufregung von trans und/oder inter Personen immer ist. Die Gesetzgebung greift hierbei tief in die persönliche Autonomie ein, wenn Babys noch zu jung sind, um sich ihrer Autonomie bewusst zu sein und diese artikulieren zu können. Lange bevor viele davon wissen, dass hier gegen ihre innerste Überzeugung gehandelt wurde, geschah dies bereits. Dass sich dies für inter Personen noch einmal völlig anders und mit operativen Eingriffen äußern kann, erwähnte ich eingangs bereits.

Die Postironie des Ganzen?

Erst wird dir als Baby ein Geschlecht zugewiesen, ohne dass du dich dagegen zur Wehr setzen konntest und später musst du durchhalten und schlichtweg überleben, um zu beweisen, dass du tatsächlich trans bist. Von falscher Zuweisung redet hierbei übrigens kein Mensch. Mit viel Glück triffst du unterwegs auf umgängliche Gatekeeper*innen, die respektvoll, offen und vielleicht sogar kompetent sind. Ja, Selbstverständlichkeiten sehen anders aus. Der Punkt ist, dass DU als das Problem, als Abweichung angesehen wirst. Du hast zu beweisen, dass bei dir ein Zustand „mit Krankheitswert" vorliegt, um Hilfe zu erhalten. Du musst beweisen, dass du nicht am Ende viiiielleicht doch cis sein könntest und es dir viiiielleicht doch noch anders überlegen wirst. Weil du ja schließlich „mit einem bestimmten Geschlecht geboren" wurdest. Cisnormativität setzt voraus, dass alle Menschen cis sind und eine Abweichung eingehend geprüft und ein Irrtum ausgeschlossen werden muss. Deshalb musst du diese an jeder möglichen Situation und Station wieder und wieder beweisen. Neben der Beweislast, die dir auferlegt wird, musst du jede Menge Wartezeiten ertragen: auf einen Therapieplatz, auf eine gerichtliche Anhörung, auf persönliche Gutachtentermine und Kostenübernahmen durch Krankenkassen. Aber keine Frage, cis Personen, die nicht inter sind, haben es da auch nicht leichter. Moment, doch. Sie haben es leichter.

Hier, ein Spiegel. Schau mal rein!

Weil mein Twitterstil immer als so „provokant, kontrovers und aggressiv" beschrieben wird, nun einige Auszüge, von denen ich hoffe, dass vorrangig cis Personen realisieren werden, inwiefern trans Personen mit Feindlichkeiten konfrontiert werden. Im Folgenden habe ich eine Verdichtung von erlebten normativen Aussagen und Tweets von cis Personen zusammengefasst und diese inhaltlich umgekehrt, sodass sie nun cis Personen selbst adressieren:

> Du schaust aus wie eine echte Frau, ich hätte nie für möglich gehalten, dass du in Wahrheit ein Cisgender bist. Hättest ja mal was sagen können."

> „Biologisch betrachtet ist ein Uterus ein Reproduktionsorgan, das geschlechtslos ist, weil ein Uterus kein geschlechtliches Empfinden und Identifikation haben kann."

> „Biologisch betrachtet ist ein Penis ein Ausscheidungsorgan, das auch reproduktiven Zwecken und dem Ausleben von Sexualität dienen kann. Ein Penis hat kein geschlechtliches Empfinden und kann daher nicht als ‚Geschlechtsorgan' bezeichnet werden."

> „Biologisch betrachtet können Chromosomen und Hormone Körper formen und Organe ausbilden, denen dann von Menschen Geschlechter zugewiesen werden. Geschlechter haben sie dennoch nicht per Existenz. Sorry."

> „Cisgender ziehen den Ruf von Cisgendern beträchtlich runter. Vielleicht sollten wir nur noch auf gemäßigte Cisgender, die weniger aggressiv drauf sind, hören."

> „Wenn biologische Forschung Ahnung von Geschlechtern hätte, hieße sie Geschlechterforschung. Und selbst dort müssen leider noch erhebliche Abstriche gemacht werden."

> „Hetero Cisgender als Eltern schön und gut, aber ich hätte ja Sorge, dass das auf die Kinder abfärbt. Ist halt nicht alles wie bei uns normalen Leuten."

> „Frauen und cis Frauen."

Zu hart? Gut, denn mit solchen oder ähnlichen Aussagen haben trans Personen ständig zu tun. Ein bloßer Verweis auf diese Erlebnisse ist nicht genug und eine direkte Adressierung ist nötig, denn es zeigt, dass Cisgender eben solche Sätze erst als „wirklich, wirklich" schlimm begreifen, wenn sie plötzlich selbst benannt werden.

Wie ich im Kapitel „Für dich" beschrieb, rufen solche Tweets mitunter die heftigsten Abwehr- und Distanzierungsreaktionen hervor. Cisgender fühlen sich ertappt oder als potenzielle Ausübende von Diskriminierung benannt. Ich wiederhole es gerne, es geht nicht um euch persönlich, denn Cissexismus ist ein strukturelles Problem. Wenn euch die Distanzierung wichtiger ist als Reflexion und Solidarisierung, habe ich Neuigkeiten für euch: Das macht euch nicht zu Unterstützer*innen von Marginalisierten, sondern verdeutlicht, dass ihr weiterhin Teil der Diskriminierung seid.

Eine trans Person, eine Frau, eine Lesbe, eine Wissenschaftlerin und eine Expertin schrieben dieses Buch und sagen: „Ja, das wird vielen von euch jetzt ziemlich bahnbrechend vorkommen, aber ich bin wirklich nur eine Person."

Kein Abschluss

Als ich begann, dieses Buch zu schreiben, befand ich mich mitten in meiner Bachelorarbeit und hatte eigentlich überhaupt keine Zeit, um an irgendetwas anderes zu denken. Okay, außer vielleicht an Cissexismus, Transfeindlichkeit und Transmisogynie, welch Zufall. Ich möchte vorrangig cis Personen, aber auch trans Personen, noch mit auf den Weg geben, zukünftig zu realisieren, wie und wo ihr wirklich überall geschlechtlichen Biologismus verinnerlicht habt. Keine Ausrede, ihr habt ihn verinnerlicht. Ich möchte, dass ihr euch klarmacht, wie häufig ihr im Alltag Körper mit Geschlechtern gleichsetzt und welchen Chromosomen-, Hormon- und Anatomiestatus ihr sofort mit einem bestimmten Geschlecht verbindet. Ich möchte, dass ihr euch klarmacht, dass diese Einstellungen unbewusst passieren können, jedoch nicht minder verletzend sind und letztendlich für die Diskriminierung von trans Personen mitverantwortlich sind. Diese Einstellungen sorgen immer für einen Entzug der Berechtigung von transgeschlechtlichem Leben.

Auch wenn ich im Verhältnis zu meiner Lebenszeit vergleichsweise kurz out bin, begegnete ich bereits zahlreichen Ausprägungen von Transfeindlichkeit und Transmisogynie. Begegnet ist tatsächlich noch wohlwollend ausgedrückt. Ich beschrieb ja, von Verweisen auf ein „geringerwertiges" Frau Sein, über „akzeptieren müssen, dass ich ja nunmal biologisch betrachtet…", über Absprechen meines Frau Seins, hin zu offenen Mord- und Vergewaltigungsdrohungen sowie Suizidaufforderungen wurde und wird mir das volle Transmisogynie-Verwöhnprogramm entgegengeschleudert, welches das Cistem zu bieten hat. Ich möchte euch hiermit immer wieder verdeutlichen, dass Transfeindlichkeit und Transmisogynie als strukturelle Probleme gesamtgesellschaftlich vorhanden sind und deshalb auch in allen linken, feministischen Strömungen existieren. Ob dies latent, in Form von normierten Vorstellungen oder als offener Angriff geschieht, ist hierbei vorrangig nicht wichtig. Diese Einstellungen bestehen überall. Wir haben verinnerlicht, dass es okay ist, Witze über „Männer in Kleidern" zu machen, das kennen wir aus jeder Komödie, aus dem Comedyprogramm, aus irgendwelchen Gesprächen, die wir führen. Dass trans Personen „ihren Körper ablehnen", nur durch Hormone und Operationen existieren, nur und, wenn überhaupt, dann körperliche Gewalt von irgendwelchen Einzelpersonen erfahren, mit denen WIR, wir die Guten, natürlich nichts zu tun haben. Weil sich viele Menschen von diskriminierenden Strukturen distanzieren, weil sie sich als Individuen begreifen, die außerhalb von diskriminierenden Strukturen und ohne verinnerlichte Einstellungen leben.

Um dies an dieser Stelle noch einmal zu betonen: Trans Menschen sind keine Verschwörungstheorie und wollen euch auch nicht mit „todgeschwiegenem Wissen" überzeugen. Wir existieren, und zwar hier und jetzt. Von uns gibt es mehr als du denkst und du bisher bemerkt hast. Wir wollen respektvoll behandelt werden. Dazu müssen trans Menschen auf die cissexistischen Verhältnisse aufmerksam machen, die sie als „Störfaktor", als „unnormal", als „gefährlich" einstufen. Ja, alles gleichzeitig, wie Fahrradfahren im Winter auf der Felge, mit filigraner Glasbläserei auf dem Kopf balancierend, während sie links und rechts von Leuten geschubst werden. Nein, eine Auszeichnung ist nicht erforderlich, Geld nehmen wir dennoch gerne an. Gender Transitionen und gerichtliche Verfahren sind langwierig und teuer, also, wir freuen uns.

Ich verdeutliche es euch abschließend. Cissexismus, Transfeindlichkeit und Transmisogynie töten. Sie töten uns. Sie töten uns in Form von Dysphorieschüben, in Form von langen Wartezeiten und durch auszehrende und entwürdigende Prüfungen, ob wir die Wahrheit sagen. Sie töten uns in Form von Comedy, medialen cis Perspektiven ÜBER unsere Leben. Sie töten uns in Form von Nicht-ernstgenommen-werden. Dadurch, uns keiner Person anvertrauen zu können. Sie töten uns, indem sie uns Vorbilder verwehren. Repräsentation ist lebenswichtig. Sie töten uns, indem uns umfassende Machtpositionen unterstellt werden, oder dadurch, dass wir zu Täter*innen per Existenz in der Öffentlichkeit erklärt werden, ja, auch von linken Feminist*innen. Sie töten uns, indem sie uns das Gefühl geben, keinen Platz, keine Zugehörigkeit, keine Orte zu haben. Sie töten uns, weil uns auch bekannte Feminist*innen nicht verzeihen und nicht damit klarkommen wollen, dass wir als trans Personen und auch ausdrücklich als Frauen auch sie und ihre Feindlichkeiten adressieren. Sie töten uns in Form von körperlicher, sexualisierter Gewalt und mit dem anschließenden Misgendering noch ein weiteres Mal. Sie töten uns, wenn wir ermordet werden.

Ihr seht, dass der gedachte Überhang an direkter körperlicher Gewalt in meiner Benennung eher gering ausfällt. Das sollte euch verdeutlichen, welche Verantwortung auch IHR tragt.

Ich habe in den vergangenen Jahren unvorstellbaren Hass und widerliche (verbale) Gewalt erlebt. Und immer wieder erfuhr ich umwerfende Unterstützung und Liebe. Am allermeisten von mehrfach marginalisierten Personen. Schwarzen Frauen, Frauen of Color und ebenso Schwarzen non binary Personen und non binary Personen of Color. Ich werde euch das alles niemals vergessen und hoffe, euch diese Liebe und diese Unterstützung immer wieder zurückgeben zu können. Ihr seid meine Geschwister und auch speziell meine ... meine Schwestern, ich liebe euch.

Und noch einmal an euch und uns alle:

Schützt trans Frauen, transweibliche Personen, trans Mädchen.

Schützt trans Männer, transmaskuline Personen, trans Jungen. Und hierbei gilt, trans Männer sind Männer und werden somit nicht von Kritik an diskriminierendem Verhalten ausgenommen.

Schützt trans Personen, ob binär oder nicht binär, schützt trans Kinder.

Cisfeindlichkeit (als Form struktureller und institutioneller Diskriminierung mit Prüfungsmechanismen, ob ihr die Wahrheit sagt) existiert nicht.

Weil nichts selbstverständlich ist.

Schützt trans Personen und übernehmt Verantwortung für euer Handeln.

Smash the Cistem.

Smash fascism.

Literatur

Adamietz, Laura; Remus, Juana (2015): „Begrifflichkeiten und Bedeutungswandel von Trans- und Intergeschlechtlichkeit in der Rechtswissenschaft", in: Sauer, Arn (2015): „Geschlechtliche Vielfalt – Begrifflichkeiten, Definitionen und disziplinäre Zugänge zu Trans- und Intergeschlechtlichkeiten".

Adamietz, Laura (2012): Geschlechtsidentität im deutschen Recht – Geschlecht und Geschlechtsidentität als unbestimmte Rechtsbegriffe, in: Aus Politik und Zeitgeschichte (ApuZ 20-21/2012).

Alter, Helma Katrin (2008): „Offener Brief an Gutachter im TSG-Verfahren", in: http://www.dgti.org/tsgrecht.html?id=177 abgerufen: 04. Januar 2017.

Ärzteblatt (2019): „Gutachten stützen Verbot von ‚Konversionstherapien'", in: https://www.aerzteblatt.de/nachrichten/103758/Gutachten-stuetzen-Verbot-von-Konversionstherapien abgerufen: 09.07.2019.

Butler, Judith (2004): „Die Macht der Geschlechternormen und die Grenzen des Menschlichen".

Bourdieu, Pierre (2012): Die männliche Herrschaft.

Franzen, Jannik; Sauer, Arn (2010): „Benachteiligung von Trans*Personen, insbesondere im Arbeitsleben".

Kerner, Ina (2007): „Konstruktion und Dekonstruktion von Geschlecht. Perspektiven für einen neuen Feminismus".

Pető, Andrea (2015): „‚Anti-gender' mobilisational discourse of conservative and far right parties as a challenge for progressive politics", in: Kováts, Eszter; Põim, Maari (2015): „Gender as symbolic glue", abgerufen: 19. Juli 2019.

Serano, Julia (2007): „Whipping Girl – A Transsexual Woman on Sexism and the Scapegoating of Femininity".

Sauer, Arn; et al (2015): „Geschlechtliche Vielfalt – Begrifflichkeiten, Definitionen und disziplinäre Zugänge zu Trans- und Intergeschlechtlichkeiten.

DGTI (2009): „Positionspapier der DGTI", in: http://dgti.org/component/content/article.html?id=171 abgerufen: 12. Januar 2017.

de Silva, Adrian (2015): „Bewegungssoziologische Analyse der Begrifflichkeiten der deutschen Trans*-Bewegung", in: Sauer, Arn (2015): „Geschlechtliche Vielfalt – Begrifflichkeiten, Definitionen und disziplinäre Zugänge zu Trans- und Intergeschlechtlichkeiten".

DIMDI (2012): „Persönlichkeits- und Verhaltensstörungen," in: http:// www.dimdi.de/static/de/dimdi/impressum.html abgerufen: 06.12.2016.

Dritte Option (2017): http://dritte-option.de abgerufen: 22.12.2017.

FZ Wien: http://www.frauenlesbenzentrum-wien.at/politik.html abgerufen: 21.09.17.

Gleichstellungsbeauftragte der Universität Duisburg-Essen (2013): Transgender, in: https://www.uni-due.de/genderportal/studis_transgender.shtml abgerufen: 18. Januar 2017

IVIM (2013): Mogelpackung für Inter*: Offener Geschlechtseintrag keine Option; in: http://www.intersexualite.de/wp-content/uploads/ ivim_PM_PStG_2013.pdf abgerufen: 12. Januar 2017. Link nicht mehr verfügbar.

IVIM (2012): „Presseerklärung zur Stellungnahme ‚Intersexualität' des Deutschen Ethikrats vom 23.02.2012", in: https://oiigermany.org/presseerklarung-zur-stellungnahme-intersexualitat-des-deutschen-ethikrats-vom-23-02-2012/ abgerufen: 10.07.19.

Küppers, Carolin (2012): „Soziologische Dimensionen von Geschlecht", in: https://www.bpb.de/apuz/135431/soziologische-dimensionen-von-geschlecht?p=all#footnodeid_18-18 abgerufen: 20.07.19.

NHS (2016): Gender Dysphoria, in: http://www.nhs.uk/Conditions/Gender-dysphoria/Pages/Introduction.aspx abgerufen: 12.12.2016.

„XX Frauensache Bundestagswahl 24.09.2017" http://www.glamour.de/stars/star-news/gerwomany abgerufen: 06.09.17.

Pschyrembel (2016): „Geschlechtsidentitätsstörung" https://www.pschyrembel.de/Geschlechtsidentitätsstörung/K0QLL/doc/) abgerufen: 12.12.2016.

RTL 2 (2017): „Transgender – Mein Weg in den richtigen Körper" http:// www.rtl2.de/sendung/transgender-mein-weg-den-richtigen-koerper abgerufen: 15.07.18.

Schäfer Cristoph (2019): „Verbot der Konversionstherapie - Gegen solche Praktiken braucht es empfindliche Strafen", in: https://www.deutschlandfunk.de/verbot-der-konversionstherapie-gegen-solche-praktiken.720.de.html?dram:article_id=451096 abgerufen: 09.07.2019.

Störenfriedas (2017): „Die Sache mit den Safe Spaces: Warum ich keine Schwänze auf Toiletten haben will", https://diestoerenfriedas.de/die-sache-mit-den-safe-spaces-warum-ich-keine-schwaenze-auf-frauentoiletten-haben-will/ Abgerufen: 11.06.18.

Wißgott: Ablauf einer Vornamens- und Personenstandsänderung, in: http://www.trans-ident.de/trans-ident-beratungsstelle/ablauf-einer-vornamens-und-personenstandsaenderung abgerufen: 04.Januar 2017.

Rechtsquellen

Bundesgerichtshof (2017): „Beschluss vom 29. November 2017 – XII ZB 459/16" in: http://juris.bundesgerichtshof.de/cgi-bin/rechtsprechung/document.py?Gericht=bgh&Art=en&Datum=Aktuell&nr=80553&linked=pm. Abgerufen: 27. Februar 2018.

Bundesgerichtshof (2018): „Beschluss XII ZB 459/16" in: http://juris.bundesgerichtshof.de/cgi-bin/rechtsprechung/document.

py?Gericht= bgh&Art=en&nr=80554&pos=0&anz=1 abgerufen: 18. März 2018.

BverfG - 1 BvL 3/03 - (2006): in: http://www.bverfg.de/entscheidungen/ls20051206_1bvl000303.html abgerufen: 21.01.2017.

BverfG - 1 BvR 3295/07 - (2011): in: https://www.bundesverfassungsgericht.de/SharedDocs/Entscheidungen/DE/2011/01/rs20110111_1bvr329507.html abgerufen: 12. Januar 2017.

BverfG - 1 BvL 10/05 - (2011): in: (http://www.bundesverfassungsgericht.de/SharedDocs/Entscheidungen/DE/2008/05/ls20080527_1bvl001005.html abgerufen: 11. Januar 2017.

Personenstandsgesetz §22 „Fehlende Angaben" in: https://www.gesetze-im-internet.de/pstg/__22.html abgerufen: 12. März 2019.

Personenstandsgesetz §45b „Erklärung zur Geschlechtsangabe und Vornamensführung bei Personen mit Varianten der Geschlechtsentwicklung" in: https://dejure.org/gesetze/PStG/45b.html abgerufen: 12. März 2019.

Transsexuellengesetz(1980): Gesetz über die Änderung der Vornamen und Feststellung der Geschlechtszugehörigkeit in besonderen Fällen, in: (BGBl. I S. 1654), das zuletzt durch Artikel 1 des Gesetzes vom 17. Juli 2009 (BGBl. I S. 1978) geändert worden ist.

Lou Conradi

Baby Butch

Roman

240 Seiten | 14.80€

978-396042-070-5

Was hat das Einhorn mit der Jungfrau Maria zu tun und Feminismus mit Waffenexporten? Gibt es die unbefleckte Empfängnis wirklich, hilft BDSM gegen Polizeigewalt und was können trans Menschen erwidern, wenn sie mal wieder gefragt werden: „Was bist du?"

Spätsommer 2015, Berlin. Während in Heidenau und Freital rassistische Mobs Geflüchtete angreifen, planen Steph, eine linksradikale Butch, und Maria, eine kommunistische trans Frau, zusammen ein Kind zu bekommen. Mit Erfolg: Steph ist schwanger! Was als alternative Familiengründung geplant war, ist jedoch schnell ein Chaos aus Beziehungsgeflechten und Existenzängsten. Zwischen Demonstrationen, Polizeigewalt, Transition und Wohnungslosigkeit versucht eine Gruppe junger, impulsiver Queers, ontrolle über ihr Leben zu behalten, während um sie herum die politische Lage längst außer Kontrolle geraten ist.

Ika Elvau

Identitätskrise 2.0 oder eine Analyse meiner linken DNA

Neues aus dem Tagebuch eines Hermaphroditen

176 Seiten | 12.80€

978-3-96042-072-9

Ika Elvau

Inter*Trans*Express

Eine Reise an und über Geschlechtergrenzen

96 Seiten | 9,80€

ISBN 978-3-942885-69-0

Yori Gagarim

Let them talk

What genitals have to say about gender – a graphic survey

64 Seiten | 5,80€

ISBN 978-3-942885-68-3

Yori Gagarim

OFF-THE-ROKKET

(Queer) Pin-ups and other suspects – Explicit pictures Comic book

96 Seiten | 5,80€

978-3-96042-002-6

kollektiv sternchen & steine

Begegnungen auf der Trans*fläche

76 Momente des transnormalen Alltags

128 Seiten | 9,80€

978-3-942885-12-6

Vielschichtige Kurzgeschichten und Zeichnungen erzählen von den Absurditäten des Trans*alltags. Aus der Sicht von autonomen/ anarchistischen/queer-feministischen Trans*Leuten (so was gibt's!) und ihrem Umfeld. Bücher, die sich geisteswissenschaftlich oder medizinisch mit dem „Phänomen" trans* beschäftigen, gibt es viele. Hier ist endlich ein Buch mit Geschichten und Bildern, über die mensch auch mal herzhaft und befreiend lachen kann – der Zwang, sich 1nem von 2 Geschlechtern zuordnen zu müssen, bringt reichlich groteske Situationen hervor.